colección PENSAMIENTOS...

heurística del diseño

gastón breyer

EDICIONES FADU   nobuko

Breyer, Gastón
  Heurística del diseño - 1a ed. - Buenos Aires: Nobuko, 2007.
  116 p.; 24x17 cm. (Pensamientos)

  ISBN 978-987-584-118-5

  1. Diseño. I. Título
  CDD 741.6

Facultad de Arquitectura, Diseño y Urbanismo

Colección Pensamientos

Ediciones FADU
Secretaría de Extensión Universitaria
Secretaría de SEU: Beatriz Pedro
Subsecretario de Medios y Comunicación: Javier Basile
Directora de Publicaciones: Paula Siganevich
Coordinadora de Publicaciones: María Laura Nieto
Asistente de Publicaciones: Mariano Dagatti
Diseño colección pensamientos: Paula Salzman
Diseño Gráfico: Paula Salzman / Paula Martín
Gráficos/Armado: Karina Di Pace

Índice

Prólogo
Antes de comenzar

Buenos Aires, 2002

El presente trabajo tiene un doble sentido: proveer al estudiante de diseño y al diseñador profesional de un compendio del planteo de la Heurística en tanto disciplina apuntando al acto de diseño, en primer lugar y, en segundo lugar, definir a esta disciplina como meditación y estudio ejemplar de la problemática del pensamiento contemporáneo en tanto significa un replanteo de toda la hermenéutica tradicional.

La reubicación de un pensar-hacer del diseño dentro de un campo de múltiples dimensiones es, en este momento, la prioridad primera.

No es posible continuar la enseñanza ni la misma investigación sin tener en cuenta el vuelco total de la orientación de la cultura contemporánea; la obsolescencia, no solo de los programas heredados, sino de toda la visión del complejo de ciencia-arte, incluyendo para ello las premisas de los modos del pensar somático, manual, técnico, esotérico y poético. (Ver capítulo 11).

Nuestro encuadre de la materia aspira a apurar en la Facultad una deriva hacia los planteos de la nueva cultura ecológica que redistribuye y renueva paradigmas, áreas del saber, centros de fuerza, vocabulario, jerarquías, métodos, temarios y sentidos.

La Heurística –tal como la entendemos– se constituye en una meditación y exposición de un nuevo programa de toda la didáctica. No puede ser tan sólo una información abreviada de último momento para el estudiante.

Como materia fundamentalmente formalizada y formalizante, ha de aspirar a un rol de propedéutica de toda la carrera.

Nuestro texto no pretende la densidad de un tratado de teoría Heurística... que por ahora... estaría por escribirse, pero es el fruto de la tarea común de todo el gabinete, de más de cuatro años de reuniones, de discusión, cambios de ideas, intercambio de lecturas y recogiendo experiencias en el taller.

En consecuencia es el fruto de un posicionamiento ecológico, en tanto juego dialéctico permanente entre sujeto y objeto, razón y sentimiento, consciente e inconsciente, bagaje teórico e invención... profesión y estudio... individuo y sociedad... hombre y contexto.

> "Este cuento se dirige a la inteligencia del lector, quien pone por sí mismo las cosas en escena."
> MALLARMÉ, IGITUR

> "Razonando no se puede comprender (a Rusia), sólo podemos creer (en ella)."
> DOSTOIEVSKI, CRIMEN Y CASTIGO

> "Sólo podemos conocer bien aquello que hacemos."
> GIAMBATTISTA VICO

Deseamos expresar nuestro agradecimiento a las máximas autoridades del Decanato, al arq. Berardo Dujovne, y al Secretario General, arq. Víctor Bossero, por su decidido apoyo a esta tarea, concretando la creación del Gabinete y Cátedra de Heurística, esta última abierta a las seis carreras.

Nuestro reconocimiento al arq. Ricardo Blanco que inauguró la primera Cátedra de Heurística en la FADU en la Carrera de Diseño Industrial en 1989.

También nuestro reconocimiento al arq. Roberto Doberti, que como Secretario de Investigación de la FADU dio todo su apoyo a la Cátedra y al Gabinete de Heurística desde Morfología y la Teoría del Habitar.

Gastón Breyer
Arquitecto (UBA), Profesor egresado de la Escuela Superior de Bellas Artes Ernesto de la Cárcova, Profesor Emérito, Doctor Honoris Causa UBA, Director del Gabinete de Heurística de la FADU/UBA, Profesor Titular de Heurística, fundador y presidente honorario de la Sociedad de Estudios Morfológicos de la Argentina (SEMA).

Centro de Heurística
Gastón Breyer; Director.
Dora Giordano; Co-directora.
Mariana Figueroa, Homero Pellicer; Coordinadores.

Cátedra de Heurística
Gastón Breyer; Titular.
Horacio Wainhaus, César Pereyra, María Carmen Frigerio;
Profesores Adjuntos.
Verónica Vitullo, Alejo Estebecorena, Sandra Weller, Lucrecia Piatelli; J.T.P.

01. La Heurística

Definiciones

La Heurística es una disciplina de contenido filosófico-lógico que desarrollaron los griegos.

El término —así escrito con "h" o sin ella— es incuestionablemente griego; pero su historia —ontogenia y filogenia— dista bastante de ser clara y precisa.

Como en el fondo plantea una problemática de imaginación-razonamiento, fantasía-lógica, invención o novedad-reiteración o duplicación, bien pudo haber sido pensada entre caldeos o egipcios en disquisiciones mítico-empíricas para dar cimiento a sus cosmogonías. De hecho lo propio podríamos o debiéramos suponer para la profunda hermenéutica que iniciaban los sabios y místicos en el extremo Oriente. Pero de ésto no se pueden proponer más que suposiciones o hipótesis, las cuales por ahora, no pretenderíamos encarar.

Entre los griegos su presencia o aparición, sus referencias e incluso el término son también oscilantes, a veces muy imprecisos y erráticos. Lo que sí podría afirmarse, con más fundamento, es que fue reivindicada preferentemente por los filósofos de orientación matemática y en especial geométrica.

Aquí pareciera definirse un lugar y un sentido más cabal. Como opinión personal y tentativa nosotros propondríamos la suposición de que creció su vigencia con las últimas escuelas filosóficas de los epicúreos, estoicos y más aun de los escépticos hasta llegar a Séneca y Marco Aurelio. De hecho su problemática —aunque bajo otros apelativos— debió tener vigencia y gran relevancia en ocasión de la irrupción del pensamiento judeo-cristiano.

Verdad revelada y verdad experimental, no hay duda, caben plenamente dentro de la problemática de una Heurística en tanto dilema y grados del saber, fundamentos del mismo origen, sentido y relevancia de las verdades.

De todos modos el vocablo tiene una azarosa historia, cae en desuso, se esfuma, se oculta, desaparece. No pudo menos que estar implícito en las complejas y abstractas polémicas escolásticas, comenzando por la exégesis de San Agustín y de la Patrística. De hecho reaparece —aunque tácitamente— en la hermenéutica profusa y notable de los grandiosos protorrenacentistas y humanistas italianos Petrarca, Valla, Ficino, Pico della Mirandola y Pomponazzi, los más relevantes. Montaigne, Thomas Moro, Francis Bacon, como representantes del giro cientificista son heurísticos de raza. El mismo *Discurso del Método* importa una Heurística de fondo. Después la Heurística parece quedar como patrimonio, otra vez, del pensamiento matemático-geométrico, el caso de Euler.

De Leibnitz se conserva un testimonio fidedigno cuando acuña la terminología del "Ars Inveniendi" que hace escuela y con lo cual posa los cimientos del pensamiento moderno y de los planteos metodológicos de la disciplina. De allí en más el camino y la vocación lógico matemático-geométrica queda jalonado por nombres ilustres.

Pero, lo que interesa apuntar y subrayar —por cuanto no es asumido ni aún reconocido— por la teoría filosófico epistemológica contemporánea es la presencia activa y determinante del enfoque heurístico en la cultura actual.

Cabe ahora retomar el inicio y regresar entonces a las asoleadas playas del mar Egeo, cuna de nuestra cultura y evocar la meditación de los sabios griegos.

Está muy claro que la epistemología no reconoce a la Heurística en absoluto. La ignora, ni sabe de su existencia y, por lo tanto, es incapaz de comprender la incidencia de ella como factor que hace al juego del conocimiento.

El término, comencemos por aquí.

El *Diccionario de la Real Academia Española,* decimoctava edición, incluye el término y dice:

"Heurística (de *eurisco* ευρισκω) hallar, inventar y arte de inventar."

El *Diccionario de Filosofía* de Ferrater Mora, curiosamente, no da entrada al término (ni con "h" ni sin ella); no obstante, en alguna oportunidad usa la palabra en el sentido de invención y/o novedad, creación.

La *Enciclopedia Clarín* entre otras publicaciones de divulgación dice:

"Heurística: Arte de inventar, parte de la ciencia cuyo objeto es el descubrimiento de hechos por medio de hipótesis que estimulan la investigación. Especialmente en historia, búsqueda de documentos. En matemáticas, método cuyo objetivo es la resolución de problemas, al contrario de la algoritmia, mediante técnicas probabilísticas y no deterministas, criterios que van mejorando de forma sucesiva gracias a los nuevos datos disponibles. Se emplea para la construcción de programas de computadora referidos a los problemas en que existe una secuencia determinada que conduce a la solución correcta".

El *Diccionario Latino-Español etimológico,* de Raimundo de Miguel, edic. 1914, no contiene el término Heurística; pero sí menciona los términos de:

Heuresis: la invención
Heuretes: inventar

Ambos términos los ubica derivados del griego.

El tomo *Abregé du Dictionnaire Grec-Français,* de M. A. Bailly, Hachette, 1901, trae la siguiente nomenclatura:

Eurema	ευρεμα	la invención, el invento, descubrimiento, expediente, remedio contra, encuentro, imprevisto, hallazgo (es el término en Ema, que corresponde al área respectiva)
Euresis	ευρεσισ	invención, descubrimiento
Euretes	ευρετεσ	invento, inventar
Eureka	ευρεκα	yo encuentro, yo descubrí
Eurisco	ευρισκω	encontrar, reencuentro, hallar por azar, hallar buscando, descubrir, imaginar, inventar
Euréticos	ευρετιχοσ	inventivo, encontrar reflexionando
Euretos	ευρετοσ	aquello que se puede encontrar, reconocer examinando, reconocer a algo o a alguien, juzgar, obtener un buen precio o resultado.

Este listado etimológico deja en claro que más que un término o un vocablo, nos enfrenta un área epistemológica relativamente amplia, de contornos no precisos y cuanto menos bastante plurisémica.

Podríamos intentar una sistemática:

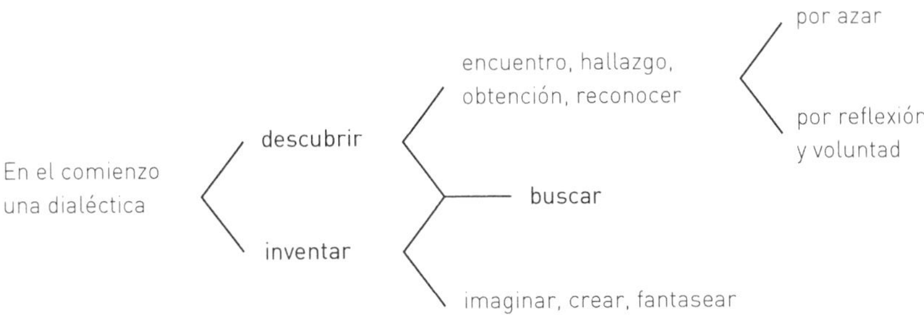

Quedan claras las etapas o niveles de un quehacer desde lo casual, involuntario o azaroso hasta lo causal, reflexivo, con voluntad de búsqueda o de pregunta.

Queda claro también el grado de novedad entre un obtener y un imaginar, que podemos distender entre una acción reflexiva, metódica y un proceso de irrupción de fantasía, inconsciente, fantasmático mágico.

Todo esto pues, llama la atención y se proyecta con luz, energía y decisión sobre la tarea del diseñador, del artista, pero también del artesano, del técnico, del científico.

Tal multisemia denuncia un fuerte componente dialéctico, una sostenida apertura filosófica.

De ahora en adelante insistiremos y repetiremos la fórmula de la Heurística como "momento de invención, descubrimiento".

Hemos esbozado un recorrido rápido, histórico del tema, pero podemos presentar una relación más completa y ajustada.

Aquí podemos hacer dos enfoques paralelos:

a. hacer el listado tentativo de los aportes personales de aquellos hombres de genio que lograron "momentos de invención", descubrimiento, de valor histórico.

b. hacer el listado heurístico de los acontecimientos político-sociales, técnico-culturales que marcaron "momentos de cambio", transformación y que llamamos en general "saltos categoriales".

Quedan pues señalados los mecanismos histórico-heurísticos.

02. Diagrama histórico

Nuestro estudio pretende trazar un inventario inicial y provisorio de los factores de novedad, invención, radicalización, espíritu crítico, descubrimientos, ruptura o superación de mitos y tradiciones, a veces casi irracionales y arraigados, ensayos de nuevas salidas culturales y/o sociales, nuevos sistemas ideológicos, propuestas y utopías sociales y políticas... que representaron significativos avances en la historia y existencia de la humanidad.

En consecuencia el diagrama adjunto no pretende exponer un cuadro histórico-cultural de las sociedades, sino tan sólo poner a la luz momentos cruciales de cambio, innovación, ruptura respecto de esquemas tradicionales perimidos o anquilosadas.

En este sentido es muy evidente que la historia del hombre recoge tres modalidades básicas:

1. tiempos de relativa calma, pasividad, quietud, mera repetición de tradiciones;
2. tiempos de franca movilidad, cambio... dinámica social, económica, cultural, espiritual y
3. tiempos de evidente retroceso, reacción, autodestrucción demencial, intransigencia.

El gráfico adjunto enumera lo siguiente:

1. El inventario comenzaría con los progresos de la hominización en las rudimentarias artesanías del paleolítico.
2. Sigue el neolítico con un descomunal salto de avance en la agricultura, la ganadería, las primeras urbanizaciones y los regímenes tribales, los artesanos de la cestería, la alfarería, la piedra pulida, adornos y metalurgias, vestido, utensilios domésticos, y muy en especial modos del arte, de la poesía y canto y de la escritura. Sobreviene después un largo periodo que, dentro de nuestra perspectiva, importa un relativo estancamiento y retroceso fundado en la prepotencia de centros dinásticos, castas sacerdotales, aristocracias militares y multitudes esclavizadas. Los personajes divinizados de los Ramsés, Seti, Nabucodonosor y Azurbanipal no representan más que la sumisión despótica y absoluta de las poblaciones en función de mitos y rituales de fe. Consolidan modos político-sociales pero no implican verdaderos saltos de novedad.
3. De todos esos larguísimos períodos de siglos solamente pueden rescatarse tres o

cuatro nombres de "personas"-"individuos". Ellos procuran reivindicar la dignidad del hombre, construir un régimen social y espiritual superior, mas humano, más racional, justo y progresista.

Tales nombres serían: Akhenaton el extraordinario faraón rebelde y los notabilísimos personajes bíblicos de Abraham, Moisés y los Profetas.

4. A su momento es la explosión del milagro griego y como máximo acontecimiento histórico-cultural de la humanidad. Lo podemos personificar en la figura de Sócrates. En tan sólo tres o cuatro siglos se define una poética, un arte, una filosofía y una ciencia que con principios lógicos y experimentales sigue vigente hasta el presente.

El lapso latino-romano nuevamente detiene y estatiza la cultura, desarrolla tan solo técnicas y retorna a la barbarie del circo. Cabe distinguir tan solo una media docena de mentalidades libres y pensantes que regresan al espíritu griego, son los estoicos y epicúreos, Séneca, Cicerón, Catón, Marco Aurelio cuyo legado más importante es la Ética y el Derecho Romano.

En la historia de la evolución del hombre pensante y serio y ético los nombres de Cesar, Augusto, Trajano no tienen lugar. Quizás de esos "políticos" solo sea rescatable Alejandro.

5. El cristianismo primitivo replantea un humanismo alrededor de la figura del Bautista y de Jesús de Nazareth y la pequeña comunidad de fieles y mártires.

Pero la estatización y el verticalismo de un poder sacerdotal finalmente triunfante confunde al proyecto primitivo cristiano de la autentica liberación del hombre. Durante la Edad Media occidental —unos mil años— el poder pontificio y sacerdotal vuelve a imponer sobre la humanidad un régimen verticalista, egocéntrico, capitalista e inmovilista.

En este punto debe rescatarse la cultura musulmana en algunos aspectos de organización de una sociedad equilibrada y sabia, para los siglos x, xi y xii, en los califatos de Córdoba, Damasco y Bagdad. A partir de esa época el vasto mundo musulmán entra en un periodo de negación, abulia y despotismo que paraliza absolutamente toda cultura e imposibilita todo mecanismo de pensamiento y se perpetua hasta nuestros tiempos actuales como un cerrado fetichismo.

6. El siglo xv ve resurgir al espíritu con el humanismo de Campanella, Pomponazzi, Ficino, Pico della Mirandola, y el sentido crítico y racional.

Colón y Magallanes imponen orden, empiria, sensatez y ciencia.

Lutero y sus compañeros, descontando excesos y rigor, resucitan un espíritu de estudio y autentica moral.

Paralelamente las utopías de Tomás Moro, Bacon, Montaigne, Rabelais abren los corazones y las mentes. Arquitectos y pintores hacen su gran aporte al renacimiento de la cultura.

Pasados los siglos xv y xvi, Descartes, Leibnitz, Spinoza, desarrollan los principios de un pensar racional y moderno. Newton y otros pensadores construyen el sistema de la ciencia experimental. Inglaterra y Holanda se ponen a la cabeza del pensamiento racional.

Con el absolutismo monárquico se regresa al estatismo, al verticalismo, al despotismo. Son los desgraciados tiempos de los luises y borbones, del mercantilismo, los absolutismos nacionalistas, la explotación de las tierras americanas, africanas y asiáticas, los patrones esclavistas, la pompa ridícula de Versalles, el lujo, la moda, los rituales cortesanos y la extrema miseria de las masas urbanas. El nacionalismo, la usura, la moneda, el mercado y el capital son las nuevas divinidades del panteón europeo que se impone como modelo de éxito.

7. Para mediados y fines del siglo XVIII surge, como reacción el movimiento de la Ilustración y el espíritu enciclopedista y racionalista se instala con los nombres ilustres de Montesquieu, Holbach, Diderot, Voltaire, D'Alembert... y Rousseau. El Sturm und Drang y el Romanticismo, la Revolución norteamericana y 1789, y la Independencia de Sudamérica, señalan los nuevos caminos. Los nombres eminentes son de filósofos, ideólogos, socialistas, anarquistas, científicos y artistas contestatarios.

Nada aportan y no interesan desde este punto de vista del auténtico avance de la humanidad, los ejemplos de políticos y/o militares cuya fama e incidencia resulta circunstancial, tales como Napoleón, Bismarck, Napoleón III, los zares y generales y mariscales de las monarquías conservadoras.

Los momentos emblemáticos a recordar son 1830, 1848, el anarquismo y los Internacionales y el marxismo que señalan avances históricos en franca oposición a los desastres del colonialismo y las guerras internas del propio capitalismo: Crimea, Franco-Prusianos, de los Balcanes, del Pacífico y de la Secesión americana.

Para mediados del siglo XIX el Positivismo retoma las tesis de la Ilustración y embarca a la humanidad en una senda de desarrollo espiritual y fundamenta el avance sorprendente de la ciencia objetiva y de las ciencias del hombre del siglo XX.

Con este nuevo siglo se desencadena una avalancha de nombres de personajes geniales, propuestas, escuelas, teorías, inventos. Que a su vez contrastan los nombres históricos de Romain Rolland, Tolstoi, Gandhi, Sun Yat Sen, Lenin, Mao, Castro... con la barbarie de la *World War I* y *World War II*, la guerra española, la guerra del Chaco, el saqueo de China, las prácticas de las políticas de derecha, el Holocausto, Corea, Vietnam, "nuestro" Proceso y etc., etc.

Desde la filosofía fenomenológica, el existencialismo y el neopositivismo lógico, las ciencias físicas, matemáticas y biológicas, el psicoanálisis, el estructuralismo, los nuevos progresos en la didáctica, la eclosión de los ismos en arte y poesía, el teatro, la arquitectura y la técnica con asombrosas novedades.

El siglo se cierra con una reconsideración de muchas de esta propuestas, con nuevos planteos y las aperturas de la cibernética, la robótica, los viajes espaciales, la informática, la biotecnología, la hermenéutica, la heurística y novísimos modos del arte, la música y la poética.

El primer trabajo sobre Heurística del cual tenemos conocimiento, en nuestro medio, fue el Seminario de 1976 dictado en el CAYC de Buenos Aires sobre "Heurística del Diseño, entre el teorema y el poema". El mismo fue publicado en la *Revista summa* de Buenos Aires de diciembre de 1978, nº 131. En él se hace una referencia a la Heurística como un modo de plantear problemas, aproximar soluciones y, en definitiva, como una tentativa de comprender, sistematizar y clasificar "modos del pensar-hacer".

A partir de esos comienzos nuestro interés —siempre dentro de la problemática del diseño de arquitectura y más tarde también del diseño de gráfica, objetos industriales, imagen y sonido, etc.— le asignó a la Heurística la tarea de investigar los diversos "modos del pensar".

Así surgió la propuesta de una primera aproximación: ocho regiones caracterizadas por instrumentación específica en el planteo y resolución de problemas: el pensar corporal o somático, el manual, el técnico, el abstracto, el rítmico-melódico, el icástico, el metafísico y el concreto. Poco a poco se fue desarrollando una temática apropiada para la reflexión del diseño a partir de posibilidades del propio diseñador.

Mencionaremos otras aproximaciones a la Heurística: las notas al respecto en los estudios de Mario Bunge como *La Ciencia, su método y filosofía*, Siglo Veinte, 1971, Buenos Aires y *La Investigación Científica*, Ariel, Barcelona, 1969.

También hay que mencionar, aun cuando no se haga referencia estricta al termino de Heurística, la profusa y excelente bibliografía sobre Metodologías de Diseño de los conocidos tratadistas como Christopher Jones, Broadbent, Christopher Alexander, Margarit y Buxade.

A partir de las décadas del '80 y '90 aparecen referencias al término y significación de la Heurística, con creciente frecuencia en trabajos de Epistemología. Tal, por ejemplo, en *Evaluación del Caos* de Catherine Hayles, editorial Gedisa, 1993. Pero lo que debemos señalar es la relativa ambigüedad o arbitrariedad en el uso del término lo cual señala un territorio del pensar-hacer del hombre no muy bien determinado o, cuanto menos, al cual no se le asigna una función concreta, definida, clara y específica.

Para nosotros —sea cual sea la etimología helénica del término y los avatares de su interpretación histórica— la Heurística se vincula al pensamiento del diseño, al posicionamiento del sujeto que diseña, en tanto esa decisión implica notas muy precisas y particulares.

En este sentido el Diseño —en sus varias vertientes y/o especialidades— es un pensar-hacer del hombre que puede sistematizarse con toda precisión y la Heurística —al fin de cuentas— debe enseñar a pensar.

Esto no desdice —al contrario— que el diseño acepte, y de buen grado, momentos y cuotas de incertidumbre, caja negra, saltos categoriales, gran dinámica interna, necesidad de aceptar variantes, puntos de vista contrapuestos, soluciones discordantes y también abiertas oposiciones.

Precisamente esta labilidad, lateralidad y polimorfia son factores que dan su sentido al Diseño en tanto proceso de invención.

La Heurística se expresa en plenitud en tareas experimentales, artesanales, imaginativas, de invención y de proyecto; es muy notable que más que apoyarse en un desarrollo teórico debe sustentarse en la experimentación de objetos, instrumentos, artefactos, procesos y sistemas no comunes, fuera de serie, con intención exploratoria.

En 1972 en el taller de la Facultad de Arquitectura de la Universidad de Mar del Plata pudimos proponer y llevar a cabo una primera experimentación de objetos heurísticos que llamamos Objetos Épsilon (ε). Esta primera experiencia fue tan fructífera y aleccionadora que en los años siguientes en las Facultades de Arquitectura de Buenos Aires, La Plata y Tucumán, volvimos a repetir los experimentos con Objetos Épsilon.

Desde 1995 y hasta la fecha, en la FADU de Buenos Aires proseguimos en la Cátedra de Heurística trabajando con objetos experimentales. En el curso del CBC de la FADU varias Cátedras han llevado a cabo prácticas con objetos experimentales siguiendo las metodologías heurísticas del Objeto Épsilon.

	Pensadores Místicos	Políticos Exploradores
Antigüedad Clásica **Filosofía oriental**	Akhenaton - Hammurabi Brahmanismo /Vedas Buda - Confucio Zen - Tao - I Ching Lao Tsé - Zarathustra Moisés - Profetas	
Filosofía Griega y Romana **Cristianismo**	Presocráticos - Pitágoras - Empédocles Parménides - Heráclito Sócrates- Platón epicúreos-estoicos-escépticos Marco Aurelio - Séneca Jesús de Nazaret - Evangelistas	Democracia ateniense: Licurgo - Solón - Pericles - Demóstenes Alejandro Magno Catón
Edad Media **Renacimiento** **s. XV - XVI - XVII - XVIII**	Boecio San Agustín Francisco de Asís - Meister Eckhardt Lullo Teresa de Jesús - San Juan de la Cruz	 Omar Khayyam - Averroes - Maimónides - Marco Polo
Humanismo **Reforma** **Revolución inglesa** **Revolución norteamericana** **Revolución francesa** **Revolución sudamericana**	humanistas - utopistas - Nicolás de Cusa Bacon - Montaigne - Lutero Thomas Moro - Erasmo Descartes - Spinoza - Pascal Paracelso - Böhme Leibniz - Euler Kant racionalismo empirismo	Colón - Magallanes Campanella - Pico della Mirandola La Ilustración Rousseau - Diderot - Holbach - Babeuf - Robespierre - Rousseau Cook

Siglo XIX "Sturm und Drang"
Neoclasicismo
Romanticismo
 	
Socialismo
Revoluciones 1830 - 1848
Utopías - Falansterio
	Hegel
	Kierkegaard - Schopenhauer -
	Nietzche
	Comte - Stuart Mill - Spencer
	Positivismo
	
	Pestalozzi
	
	espiritismo
		Humboldt
		
		Anarquismo Bakunin
		anarco-sindicalismo Kropotkin
		
		          Tolstoi
		Thoreau Leroux
		Lincoln Fourier
		        Saint Simon

Siglo XX **Círculo de Viena** **Psicoanálisis** **Fenomenología** **Teoría del Tiempo** **Existencialismo** **Cambridge - Neopositivismo** **Hermenéutica** **Heurística** **Estructuralismo** **Epistemología genética** **Lingüística - Semiótica**	Husserl - Heidegger - Unamuno Bergson Krishnamurti - Tagore - Ouspensky Wittgenstein - Bertrand Russell Escuela de Cambridge - Whitehead Jaspers Escuela de Frankfurt Piaget - Levi-Strauss - Peirce - Cassirer Hermenéutica - Heurística Roland Barthes - Morin	Revolución Rusa Gandhi - Lenin Nehru - Romain Rolland Marcuse Fidel Castro - Che Guevara Mao

Poetas	Artistas plásticos Músicos	Científicos Filósofos	Técnicos
Homero -Hesíodo Esquilo Sófocles Safo - Longus Horacio / Catulo Apuleyo / Ovidio	Altamira - Lascaux Modelado - Dibujo Atenas - Partenon - Acrópolis Policleto / Praxiteles / Lisipo estatuaria - pintura	Alfabeto escritura Aritmética Medicina Astronomía / Astrología Pitágorismo - Numerología Teofrasto Euclides Arquímedes Hipócrates Ptolomeo - Lucrecio	Paleolítico fuego - piedra pulida - rueda Neolítico cerámica - agricultura tejido vivienda - urbanismo metalurgia navegación máquinas simples Herón de Alejandría
Villon - Walter von der Vogel-weide	Prerrománico	Románico	
Dante - los maestros cantores Manrique - Luis de León Cervantes Shakespeare Calderón Quevedo Bernardin de S. Pierre Blake	Gótico Renacimiento Italiano Giotto - Piero della Francesca Leonardo-Miguel Ángel-Durero Alberti - Brunelleschi Fra Luca Pacioli El Greco - Velázquez - Palladio Vivaldi Rembrandt Bach - Händel - Haydn Mozart - Goya	Paracelso Copérnico Kepler Galileo Newton Linneo Buffon Laplace - Lavoisier D'Alembert	Primera Revolución Industrial pólvora brújula Gutenberg - imprenta máquinas renacentistas
Hölderlin - Novalis Goethe - Schiller - Wieland Heine Julio Verne - Mellville Victor Hugo - Leopardi - Alfieri Baudelaire - Lautreamont Dostoievski - Tolstoi - Chejov Poe - Proust Ibsen - Mallarmé - Rimbaud Strindberg - Verlaine	Beethoven - Schubert Ingres Delacroix Courbet Verdi Wagner - Rodin Cezanne - Büchner impresionismo	Reclus Humboldt - Poncelet - Cantor - Gauss Riemann - Poincare Darwin Dalton Bolyai - Helmholz - Lobachevsky Pasteur Peano Frege Vitalismo	máquina a vapor Watt - Fulton telar industria acero Segunda Revolución Industrial
Andre Breton - Apollinaire Kafka - Joyce - Rilke los expresionistas - Kaiser Artaud - Trakl Herman Hesse - S. John Perse Vallejo - Lorca - Machado - Juan R. Jiménez - Becket Brecht - teatro del absurdo	vanguardia Kandinsky - Klee - Braque Pevsner - Duchamp - Ernst los expresionistas los constructivistas - Malevich los ismos pictóricos Le Corbusier - Fuller - Gropius diseño - urbanismo planificación Posmodernismo Derrida - Kuhn - Greimas	Wundt - conductismo Teoría de la Gestalt Plank - Einstein Freud - Jung Wiener Teoría de los Sistemas Kurt Lewin semiótica- Peirce topología teoría de las catástrofes heurística	Tercera Revolución Industrial Edison motor a explosión aviación química industrial electrotecnia física atómico-nuclear robótica cibernética biotecnología - genética inteligencia artificial axiomática

03. Los temas básicos

La Heurística como disciplina autónoma —dentro de una teoría del conocimiento— ha arribado a su mayoría de edad. En este momento quedan deslindados tres vectores operativos que encolumnan a los investigadores: el psicológico, el lógico-matemático y el técnico-metodológico apuntando al diseño: aquí incluiríamos los enfoques estético y poético.

La bibliografía normal cuenta con unos trescientos títulos; pero anualmente los estudios puntuales y experimentales son multitudinarios.

La Heurística como teoría del pensar innovativo, entronca con una teoría psicológico-filosófica de la invención.

La Heurística debe enseñar un pensar abierto.

A los términos *creatividad* y *creación* lo rechazamos básicamente por su ambigüedad. Académicamente este término designa procesos circunscriptos al área o momento de la construcción-invención estética, no se habla de creación en el campo de lo cotidiano, de la técnica ni de lo científico.

En lo que sigue daremos al término *creatividad* un sentido totalmente corriente, basado en meras intuiciones que pretenderían encontrar en situaciones de creatividad módicas sumas de innovación, imaginación transgresión, etc.

Se subraya el carácter polifacético, ambiguo, atado al sentido común, a ligera visión "artística" subyacente o actuante; se subraya una situación básicamente compleja pero también a veces frívola (novedad por la novedad misma), relativamente inasible, abierta, sin clausura, multivectorial.

Se debe también subrayar la falsa dicotomía que pretende trazar una línea cortante entre un pensar icástico-retórico de un pensar científico. Nuevamente aquí aflora la dificultad y oscuridad en la determinación de cuotas de novedad científica o artística.

Se insiste en la analogía del proceso creativo con respecto al tema de plantear y resolver problemas. Al respecto cabe recordar aquello de resolver problemas y/o plantear problemas, con instancias heurísticas y psicológicas muy distintas.

Se debe señalar también y subrayar aquellas distinciones fundamentales entre tipos o modos del pensar, el tema de los modelos respectivos y la noción de "Mapas de la Mente".

Tal como lo hiciera Freud se destaca la presencia del inconsciente en todo el proceso de creación: desplazamiento de la libido y función de sublimación. La creación se inicia en caja negra. Secuencia de Necesidad, Pulsión, Demanda y Deseo.

Entre los muchos modelos con los cuales la teoría de la invención trabaja, merece señalarse el de Piaget, notoriamente interesante para el artista: el modelo de la adaptación (acomodación y asimilación). Un segundo aspecto es puntuar los datos que caracterizan al acto inventor-creador. La creación como la captación e integración de datos heterogéneos, aspectos paradójicos y contradictorios para armar estructuras con el sentido de universos del discurso.

La posibilidad del intelecto y la imaginación para encontrar relaciones entre factores distantes, obtener entidades nuevas, en conjuntos solidarios. La capacidad de buscar y encontrar lo nuevo, lo distinto, un mundo abierto, con novísimos paisajes, y sentidos. La necesidad de probar, saber, conocer, poder cambiar, explorar, dominar, jugar y hacer sin rédito, hacer por hacer, arriesgarse, formular preguntas, relacionar contrarios, construir sistemas, redefinir, dar nombre, clasificar, elegir caminos propios, buscar el equilibrio entre el orden y el desorden, lo previsible y el azar, destacar el carácter de "encuentro"... el "yo no busco, encuentro".

La creatividad implica inconformismo, curiosidad, rebeldía, aventura, apertura al entorno, a lo desconocido, búsqueda de la libertad, comprender imaginativamente, eludir la rutina.

De todos modos insistimos que más que hablar de *creación*, hablaremos de *invención* o *imaginación*.

Objetivos

- Presentar la Heurística como una disciplina que aborda el enfoque intelectual y comprensivo de la problemática del diseño.
- Plantear los aspectos generalizables en el diseño y la especificidad del campo de estudio en las seis carreras.
- Comprender los modos de estructurar un problema a partir de datos, atendiendo al:
  – posicionamiento del sujeto
  – contexto de significación
- Comprender los límites y posibilidades que, presenta un "modelo" para el análisis de situaciones y de objetos.
- Comprender el sentido y la operatoria entre el problema lingüístico, el problema técnico-profesional y el problema lógico-matemático con respecto al objeto de estudio.

Contenidos

1. HEURÍSTICA, NOCIONES FUNDANTES: breve repaso histórico, nociones de novedad, invención, creación, constancia y cambio, transformación, imaginación, copia, etc.; concepto de teoría, ideología, hipótesis, paradigma, sistema, modelo, terminología.
2. EL PROBLEMA DEL PROBLEMA: tipos de problemas y teorías sobre la heurística.
3. PARES DIALÉCTICOS: necesidad-posibilidad; constancia-novedad; orden-desorden;

forma-función; contenido-continente; materia-forma; figura-fondo; consciente-inconsciente, etc.

4. NOEMAS Y NOESIS: acepción histórica, nuestro modelo.

5. ANÁLISIS MOTIVACIONAL: de dónde se parte en un diseño, recorridos y etapas, mapas.

6. QUÉ SE DISEÑA: repaso de modelos: lineal, poligonal, arbóreos, etc.; historia, heurística y metodología.

7. CONCEPTO DE ORGANIZACIÓN: morfología, sintaxis, semántica, semiótica. Organismo y contexto.

8. MODOS DEL PENSAR: mapas de la mente, diversos modelos históricos, nuestro modelo octogonal. La apertura ecologista.

9. TIPOS DE CONDUCTAS Y OPERATORIAS: operacionalismo y psicología enfocada hacia la Heurística.

10. TEORÍA DEL MODELO Y MODELOS EPISTEMOLÓGICOS: repaso de veinte propuestas históricas: modelo helénico, medieval, renacentista, racionalista, positivismo, romántico, freudiano, gestáltico, estructuralismo y postestructuralismo, de Piaget, fenomenológico, semiótico de Peirce, teoría del campo, neopositivismo lógico, Wittgenstein, teoría de sistemas, inteligencia artificial, teoría de las catástrofes, Lacan, etc.

11. TEORÍA DEL OBJETO, DE LA TÉCNICA Y DEL ARTE: noción y sistemática del objeto de diseño.

12. MODERNISMO Y POSTMODERNISMO: texto, objeto, entidad, discurso y figura.

13. SUJETO Y OBJETO.

14. EL NÚMERO Y LA CANTIDAD: de la cantidad a la calidad.

15. PLANTEO DE HERMENÉUTICA.

Pasemos rápida revista a algunos autores —que bien pueden llamarse heurísticos— y a algunas definiciones:

J. W. A. JOUNG (epistemólogo): en *Fines, valor y método de la enseñanza de la matemática*, 1947 dice *"... la enseñanza heurística consiste en la búsqueda y definición del problema..."* y habla del *"espíritu heurístico"*.

JOHN DEWEY (lógico): se dedicó al tema; la Heurística como búsqueda de respuesta a un problema que no puede resolverse con la rutina, se desarrollaría en seis etapas: situación indeterminada, intuición del problema, búsqueda y determinación de posibles soluciones, evaluación de alternativas, experimentación o confrontación y generalización de la solución para garantizar su valor.

V. N. PUSHKIN en *La Heurística, ciencia del pensamiento creador*, 1973, desarrolla un excelente ejemplo de esta disciplina en la Unión Soviética. Su teoría resume el método en cuatro fases: preparación, contemplación, inspiración y comprobación. La Heurística se utiliza cuando el algoritmo es desconocido o cuando se desea una solución rápida y aceptablemente exacta, como procedimientos generalmente basados en analogías.

WERTHEIMER Y LA PSICOLOGÍA DE LA GESTALT trabajaron mucho el tema, especialmente haciendo hincapié en la captación de una intuición, visión intelectual, *insight* de una forma fuerte o Gestalt, la forma óptima que satura al problema. La "visión del problema" es un aporte que el artista conoce, busca y necesita.

G. POLYA (lógico-matemático) dio forma al tema de la Heurística en el contexto del pensamiento contemporáneo. Su obra fue ejemplar; define la materia: *"... acerca de modos y derroteros de la invención y el descubrimiento"*. También adhiere a la sistematización en cuatro momentos metodológicos, a saber: comprender el problema, redactar un plan tentativo de resolución, cumplir el plan y hacer la retrospectiva. Polya pone especial acento en los siguientes puntos: el problema vertirlo en lenguaje lógico-matemático; buscar la representación diagramática y figurativa óptima, gestual y metafórica, dividir el problema en planos volitivo, ideativo o representativo, pragmático y axiológico, apoyándose en analogías y derivar el problema en subproblemas de especialización; rodear el obstáculo, definir el punto de comienzo, predecir el punto de llegada, sopesar los datos que se poseen y encontrar comunes denominadores; trasladar el problema a otros territorios, hacer analogías, comparar, contrastar resultados, usar modelos, detectar puntos de eclosión, cambiar de rumbo y rever los pasos.

Polya habla de problemas de encontrar y problemas de probar. Dice: *"la heurística discute la conducta humana a la luz de los problemas que se presentan"; "el razonamiento heurístico no es el final, es provisorio, plausible pero momentáneo"*.

Como apropiada síntesis de lo presentado al respecto de la heurística como método haremos el resumen que da Mario Bunge en su libro *La investigación científica*, 1969.

Los pasos metodológicos son:

1. FORMULACIÓN DEL PROBLEMA CON CLARIDAD Y PRECISIÓN: corresponde a lo que hemos llamado tematización y problematización; captación del tema/ problema, aceptación del mismo como pertinente; minimización de la vaguedad y ambigüedad de los términos y selección de una primera codificación en símbolos apropiados.

2. IDENTIFICAR CONSTITUYENTES: hacer un primer análisis del contenido del tema y clasificar lógicamente premisas, incógnitas, datos primarios o de detalle, etc.

3. DESCUBRIR LOS PRESUPUESTOS: el análisis debe detectar el valor de los contenidos y de los aspectos o premisas ocultas o disimuladas, que deben desocultarse.

4. LOCALIZAR EL PROBLEMA: desentrañar los aspectos epistemológicos implícitos, definir la lógica o alógica involucrada, determinar la índole sustantiva o metodológica del problema; insertar el tema-problema dentro de un área de conocimiento.

5. SELECCIONAR EL MÉTODO: es un punto crucial, si no estuviera claro el método a usar habrá de comenzarse por buscar y definir tal método pertinente; definir el tipo de solución que se desea, su grado de exactitud, etc.

6. SIMPLIFICAR: eliminar información redundante (ruido), reducción de variables, de incógnitas y dar un orden de precedencia, supuestos simplificadores.

7. ANALIZAR EL PROBLEMA: morfológica, sintáctica y semánticamente también en el orden de la coyuntura ideológica e histórico-social.

Descomponer el tema en subtemas, pasos más cortos, comenzar por reducir el alcance y magnitud, administrar las variables, describir el problema (qué, dónde, cuándo, por qué, para qué, etc.)

8. PLANIFICAR: programar y cronometrar la estrategia, dar un orden al temario.

9. BUSCAR PROBLEMAS-TEMAS ANÁLOGOS RESUELTOS: ubicar al problema en conjuntos de problemas conocidos, tentar soluciones de rutina, no para quedarse en ellas pero sí para tener pautas límites, relocalizar el problema.

10. TRANSFORMAR EL PROBLEMA: pasar a otros códigos que pueden develar puntos de vista inéditos y muy útiles, interpretar el problema desde otros puntos de enfoque.

11. EXPORTAR EL PROBLEMA: trasladar el tema a otras áreas, por ejemplo, traducirlo en términos gráficos o matemáticos.

12. CONTROLAR LA SOLUCIÓN: evaluar, repasar y repetir todo el desarrollo, ver la "razonabilidad" de la solución, su pertinencia y aplicabilidad o factibilidad. Bunge dice textualmente: *"... la heurística como el arte de facilitar la solución de problemas"... "la heurística como un recurso para la resolución de problemas de rutina... pueden darse algunos consejos... una docena de reglas".*

Destaca la condición de problemas de hacer y de conocer, de evaluar, de decir o trasmitir, de hallar y de demostrar.

Destaca principalmente las características de: criticar el tema-problema, lateralizar, generalizar, relacionar, evaluar; subraya estos cuatro aspectos; el contenido del problema, el acto, la exposición y el desarrollo.

Problema es algo que debe resolverse. Bunge toma todos los recaudos para dejar bien en claro la distancia entre el proceso heurístico —de aproximación— y un desarrollo epistemológico académico. Pero ésto, para nosotros que vemos en la heurística una estupenda herramienta de diseño, es precisamente oportuno.

Es bien sabido que hoy en día la barrera entre la ciencia y el arte o no existe como frontera absoluta o bien no interesa mayormente. Nadie sabe deslindar con precisión entre una y otra región y tampoco el asunto es relevante, siempre y cuando no se pretenda engañar o engañarse.

Para cerrar esta presentación parece oportuno citar la obra de un metodólogo de nota, Abraham Moles y su último trabajo, un excelente texto, *Las Ciencias de lo Impreciso*, Universidad Autónoma de México, 1995, que cumple cabalmente como presentación del tema básico de la Heurística.

04. La Heurística en el marco de una facultad de Diseño

"¿Hay algo nuevo que se pueda decir: he aquí que ésto es nuevo?"
ECLESIASTÉS 1. 10.

Una primera pregunta se impone. ¿La Facultad, en su actitud didáctica, debe acomodarse a los modos del mercado o debe constituir-imaginar propuestas propias, autónomas y saludables enraizadas en verdades y realidades históricas aún cuando ellas conduzcan a actitudes contestatarias?

¿Debe formarse un diseñador hábil y capaz de acomodarse a las circunstancias de la oferta-demanda? ¿Deben, en ese sentido, enseñarse los trucos y o mimetizar los modos que anualmente nos llegan del norte?

¿Puede la enseñanza del diseño basarse o conformarse con el plagio consciente o inconsciente del material de las lujosas publicaciones foráneas? ¿Pueden aceptarse, sin más y sumisamente, los gustos y veleidades de un comitente deformado en su personalidad, debe competirse en los términos de la neurótica búsqueda de crecientes porcentajes de novedad? Y, ¿vale o sirve o basta la novedad por la novedad misma?

¿Esta problemática se plantea del mismo modo o nivel en el proyecto de una vivienda y en el diseño de una corbata o de un zapato?

Los modos del mercado han demostrado su radical obsolescencia o, mejor digamos, su innata morbosidad. Su artificiosidad, su inconfesada voluntad de impactar y agredir, su dependencia de factores extraños, su incapacidad de garantizar una estabilidad emocional o su culposa connivencia en provocar artificialmente la inestabilidad para lucrar con ella; su manifiesto desconocimiento o negación de todo lo que podría consolidar el signo de lo auténtico, propio, nacional y democrático, todo lo cual desemboca inevitablemente en el desarraigo, la fragmentación, la marginación...

El diseñador es educado en el manejo de *tics* oportunos que hacen las veces de fórmulas pero que delatan obediencias debidas, intereses meramente de mercado y, en definitiva claudicaciones, vaciamientos y frustraciones.

¡La novedad vende! Y así se destruye toda labor seria, consciente, independiente, modesta pero severa y se liquida la maduración de las personalidades o individualidades.

El diagnóstico ya fue cumplido por los frankfurtianos de las primeras décadas del siglo, siguiendo antecedentes, presunciones y profecías de Spengler, Simmel y otros. No agregamos nada nuevo, lo sabemos, sin embargo sabemos también que debe ser repetido una vez y otra vez el mensaje de advertencia.

Debemos pues suponer que se impone tomar conciencia y, en caso necesario, cumplir un giro de ciento ochenta grados. Incumbe al diseño como operación, en su metodología y sentido y a la didáctica.

Aún aceptando las evidentes diferencias entre el diseño de una obra de arquitectura, el de una cuchara, una silla, un afiche o una película de cine... y que exigen consideraciones que ahora no es el caso hacer... es evidente que un diseño —como apertura de proyecto, como acto de decisión, como coherencia de heurística implícita— exige la sustentación en una lógica, una metodología, un sistema, una teoría.

Y, lo fundamental, hoy en día y a la altura y complejidad del presente, es tener plena conciencia que las negaciones u oposiciones por sí no llevan a nada y que es imprescindible aceptar bivalencias, multisemias, polaridades dialécticas para comprender y asumir lo inesperado, lo confuso y difuso, la turbulencia, el capricho, la improvisación, el cambio, la versatilidad, la absoluta libertad.

Dentro de esa escena de caótica movilidad, a velocidades inauditas, inconcebibles para otras épocas, debemos trabajar, comprender y aprender y enseñar si posible.

La Academia fue rígida pero tenía su modelo y éste actuaba como reaseguro contra veleidades. El Funcionalismo también fue rígido y también tuvo su modelo para aventar modas y veleidades. La Academia y el Funcionalismo hicieron escuela.

En cuanto a nuestra situación —en un tiempo de perpetua crisis, en el extremo del mundo y sin lapsos de paciencia ni sustentos históricos ni fundamentos propios— nuestra situación nos obliga a trabajar y pensar y resolver sobre la marcha.

El Posmodernismo que se nos endilga, sin mucho recaudo, supone o supondría haber transitado cabalmente y haber superado el modernismo. ¿Pero, lo hemos transitado y superado, efectivamente? ¿O es acaso otro momento de la moda que se nos quiere exigir?

¿Cómo hacer, entonces, para exponer una didáctica más o menos sustentable y razonable que aclare las mentes en vez de crispar con estridencias?

Siempre —casi por definición y arraigo cultural— la didáctica se basa en un sello de experiencia. Desde siempre —por lo menos en los territorios del arte— el peso de una experiencia artesanal fue el vector que sostuvo a la didáctica. Se enseñaba según se había hecho y o se hacía y según una tradición.

Pero, en el presente, esta experiencia o es casi imposible o es totalmente insuficiente o es decididamente inoportuna. La velocidad de cambio atenta desde los cimientos y todo discurso es ya viejo cuando se terminó de redactar. El problema es mucho más serio de lo que aún podemos imaginarlo cuando del territorio del diseño se pasa directamente a los niveles del pensamiento sin más. Los programas de estudio, de investigación, los mismo planteos temáticos tienen una vida útil mínima, muy cerca de lo instantáneo. Es natural entonces que se expanda una profunda desconfianza a la teoría, en tanto supone una fundamentación con perspectiva.

A pesar de todos los aportes negativos o criterios expuestos más arriba queda en claro, en definitiva, la necesidad del método y la teoría en la didáctica. Un planteo al día de la didáctica actual en nuestra Facultad debiera comenzar por depurar y precisar la terminología a usar. Esto no es, como podría parecer, un tema menor. En el área del diseño visual la terminología técnica o más o menos técnica, la terminología de moda o conyuntural más los repertorios que desarrollan grupos o individuos diseñadores puede muy bien rondar los doscientos vocablos específicos. En esos repertorios hay, por lo general, una total arbitrariedad, oscuridad, confusión y superposiciones y utilización caprichosa.

Este es un tema que debiera exigirse la Facultad a sí misma. Cada cátedra al comienzo de su curso debiera exponer su vocabulario técnico y explicitar alcances o hermenéuticas.

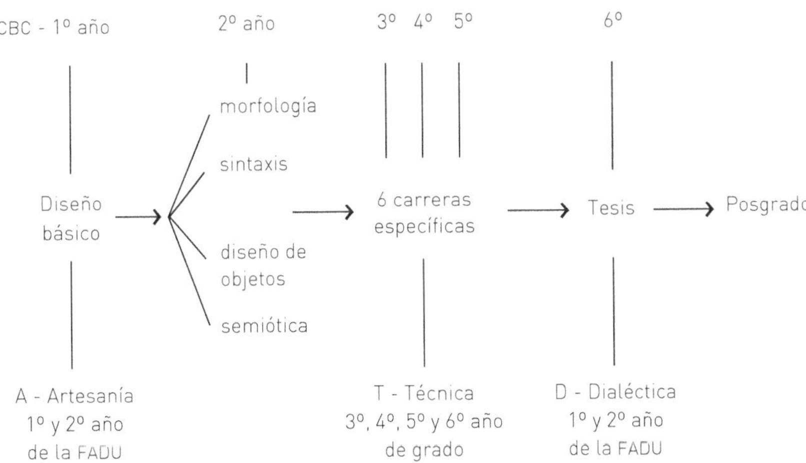

El tema del lenguaje técnico —idiolecto técnico— está totalmente obviado en la didáctica nuestra y esto es muy grave en tanto genera no sólo confusión si no también habilita al desarrollo de mitos y mitomanías que pretenden auras de sacralidad. Una buena didáctica del diseño visual casi debiera cumplirse con material visual solamente más que con palabras. La teoría —con la palabra— apostaría culminar la dialéctica crítica para cumplir un balance final.

La Heurística tal como la plantearíamos hoy en la FADU

1. La relación Sujeto-Objeto y posicionamiento y preeminencia del primero.En principio la Heurística cabalmente inserta en esta primacía del Sujeto, no tendría preocupación objetual; aún cuando recuperaría el tema de la Técnica en, su sentido de "momento" del hombre *(homo faber). (Ver capítulo 9)*.
2. La Escuela de Frankfurt y su actitud crítica ante la dialéctica ciencia-arte.
3. La dialéctica o triléctica fundamental de la Universidad como:
   (a) constructora de conocimiento-investigación;
   (b) desarrollo de enseñanza-trasvasamiento y definición de cultura;
   (c) desarrollo de una intensa dinámica cultural dentro de la sociedad presente.

4. La teoría de los Modos del Pensar. Especial estudio de la polaridad pensamiento abstracto versus pensamiento concreto poético.

5. La desconstrucción metodológica del par noema-noesis.

6. Visión de conjunto y análisis particularizado de los grandes modelos del pensar contemporáneo. Del Positivismo al Posmodernismo y su ubicación en Latinoamérica.

   Desde los sistemas de la primera instancia hasta 1945; Fenomenología, Psicoanálisis, Estructuralismo, Psicología de la Gestalt y Psicología Genética, Teoría de los Sistemas, Semiótica, etc. Hasta la Hermenéutica, la Heurística, la Teoría de los Modelos, el Psicoanálisis de Lacan. La obra de Morin, Castoriadis, Vattimo, Deleuze, etc.

7. La *Filosofía de los Formas Simbólicas* de Ernst Cassirer como introducción al tema de la Morfología, la Sintaxis y la Semántica-Semiótica.

8. El tema de las Matemáticas como aproximación especulativa al mundo de la realidad y de la idealidad y en su oposición a la tendencia al "cálculo".

9. El tema de la Técnica; el objeto de la técnica.

10. El esquema tentativo para una reestructuración de la didáctica-investigación en la FADU.

05. El diseño como acto psíquico

"... poderoso es el silencio de la piedra."
TRAKL

Hemos decidido considerar a la Heurística como un estudio del sujeto individuo en su actitud de diseño. Esto no excluye ver a esta disciplina desde otros puntos de vista, pero dentro del contexto de una Facultad de Diseño, este enfoque nos parece prioritario.

Tradicionalmente, un acto de diseño —lo que tradicionalmente se llamaba "un proyecto"— consistía básicamente en enseñar y aprender a manejar estrategias que permitieran arribar a la confección de un objeto de diseño.

Tal objeto era, desde luego, un objeto cultural, encuadrado en un mapa de historicidad, realidad social, económica y manejo de materiales naturales o artificiales. Comúnmente, el objeto de diseño se deslindaba del objeto específico de arte —artes liberales— y de la máquina y maquinaria producto de una ingeniería particular o sectorial. En el presente, los términos no son ya tan precisos; de todos modos éste no es nuestro cometido actual.

Por *objeto de diseño* entendemos a una entidad material, un aparato o artefacto acondicionado a las funciones sociales y con exigencias de los varios rubros noemáticos: materialidad, función, forma, dimensión, estructura, tiempo, espacio, significancia, estética, historicidad, etc. En ese sentido, nuestra Facultad de Arquitectura, Diseño y Urbanismo atiende al diseño de objetos habitables en un amplio sentido del término.

En la actualidad una tripartición bastante sensata comprende las áreas del hábitat, de la comunicación y de los utensilios doméstico-industriales. En términos generales este enfoque del diseño implica, en primera instancia, encuadrar a esta noción dentro de algunas coordenadas básicas.

El acto de diseño será visto como:

1. ACTO PSÍQUICO: es social, de grupo, y tiene definidas cotas de historicidad, tipo de cultura, tiempo y espacio, dinamismo, finalidad, economía, resultados, adaptabilidad, etc., etc.

2. EL RESULTADO DE UNA MOTIVACIÓN: implica la necesidad de remontar a sus causas y perseguir todo un desarrollo de mayor o menor rigor sistemático, a través de múltiples modos de comportamiento.

3. UNA CONDUCTA ESPECÍFICA: implica un estudio de su sentido humano individual y social-histórico y su cotejo con procedimientos mecánicos o artificiales. En tal

sentido exige un enfoque cibernético: mecanismos y organismos, líneas de comportamiento, consideración de un encuadre informático, sistemas de mayor o menor complejidad, etc. En tal sentido, la conducta de diseño deberá ubicarse en un complejo territorio de posibilidades del humano.

4. UN ACTO DE INTELIGENCIA: definirá su incumbencia precisamente dentro de ese territorio del pensar humano. Se levantará para cada caso el mapa pertinente encuadrado en los ocho modos del pensar que distinguimos: el pensar corporal, manual, técnico, abstracto, icástico, rítmico-melódico, trascendente o metafísico y concreto.

Siguiendo la monotemática de los diseñadores nos sometemos a la manía de los gráficos y diagramas (!) Puede, sin embargo, ser ilustrativo desplegar una serie de esquemas —tipo diagramas de flujo— para exponer la creciente complejidad de un proceso de estímulo y respuesta que, de algún modo, describe bastante acertadamente un proceso de diseño. Es evidente que un tal proceso de diseño no puede ser o por lo menos no resultaría muy verosímil como un acto de automatismo. Es bastante evidente que el diseño es típicamente una conducta que responde a una solicitación (programa, necesidad o deseo del comitente) y que requiere un tiempo de meditación y elaboración de ensayos de prueba y error y se define en un momento de toma de partido.

Pero tales tiempos lógico-técnico-psicológicos pueden variar según los propios diseñadores y los casos específicos. Lo que interesa entonces son dos aspectos:

1. aceptar que el proceso de diseño responde a un diagrama básico pero que puede desplegar un amplio abanico de submodelos;

2. que la didáctica, en último término, consistiría fundamentalmente en exponer al estudiante este marco de posibilidades para que él pueda tomar conciencia de ello y logre dominar la relación de sus reacciones conductales de diseño con los propósitos planteados o buscados.

En los gráficos adjuntos utilizamos un código:

sujeto detonante y responsable del proceso de diseño, lo podemos llamar el profesional, el diseñador o el actante

un sujeto receptor, destinatario o usuario

objeto diseñado, resultado de la acción del diseñador en tanto es proyecto en papel

objeto diseñado en tanto ya es obra construida, en material, tamaño y lugar preciso

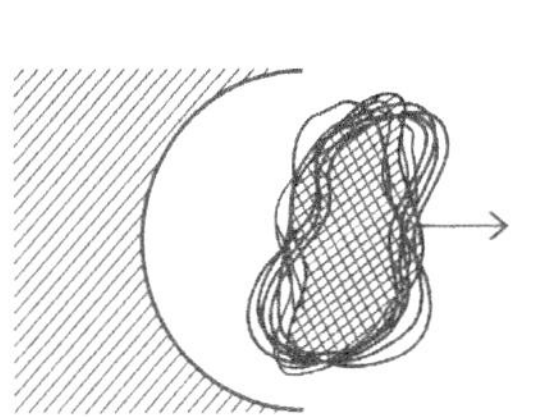

S^0 Situación específica de los datos que puede manejar el diseñador como punto de arranque.

M^0 Mundo al momento de comenzar el diseñador el proceso de diseño.

M^{m+1} Mundo al momento de entregar la obra para su usopor el comitente.

R^0 "Realidad trascendente" de hipótesis.

St   Estímulo del mundo exterior sobre el organismo o sujeto.

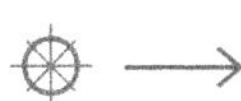

- Esquema de mínima, que ilustraría una conducta de un sujeto u organismo actuando a partir de su propia y única voluntad o exigencia.

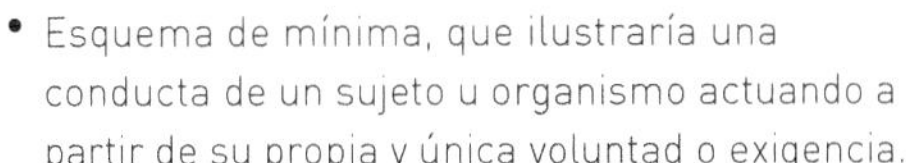

- El St (estímulo) actúa sobre el Sujeto y éste responde, en principio, con un abanico de alternativas o partidos posibles.

- El estímulo actúa sobre el sujeto; éste actúa y envía un mensaje u objeto al sujeto receptor/usuario, el cual a su turno reenvía respuestas al mundo social que lo contiene.

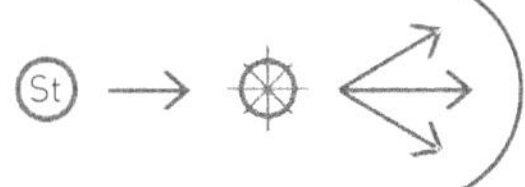

- El esquema más completo incluiría al estímulo, al diseñador, al objeto diseñado y al remitente usuario.

- Un acto abierto a alternativas varias, al azar.

- Un acto como respuesta intuitiva, salto categorial, invención.

- Un acto de diseño en el cual se dan varias posibilidades de respuestas objetuales que se descartan o eluden hasta dar con la definitiva que es positiva.

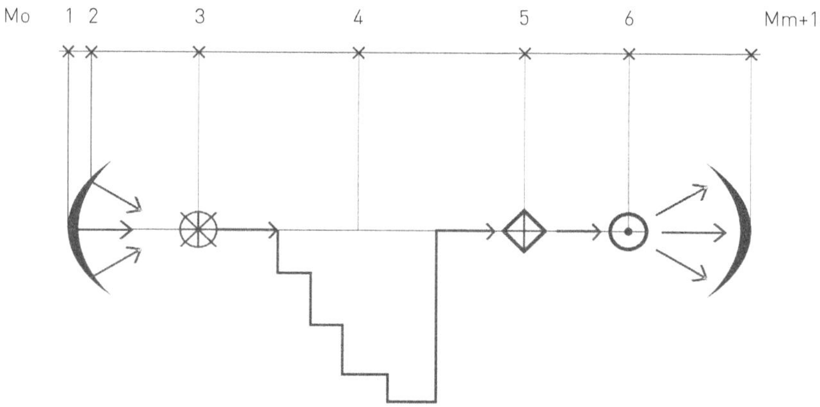

1. Donde se da un mundo cero inicial, M°.
2. Determinaciones, pulsiones o demandas de ese mundo M° sobre el organismo-diseñador.
3. El diseño
4. El diseñador encara un proceso de mediatización probando diversas alternativas hasta dar con la mejor que se define como un objeto de diseño.
5. Diseño.
6. Este objeto se remite al receptor usuario que, a su vez, repercute en un Mm+1 mundo en ese momento.

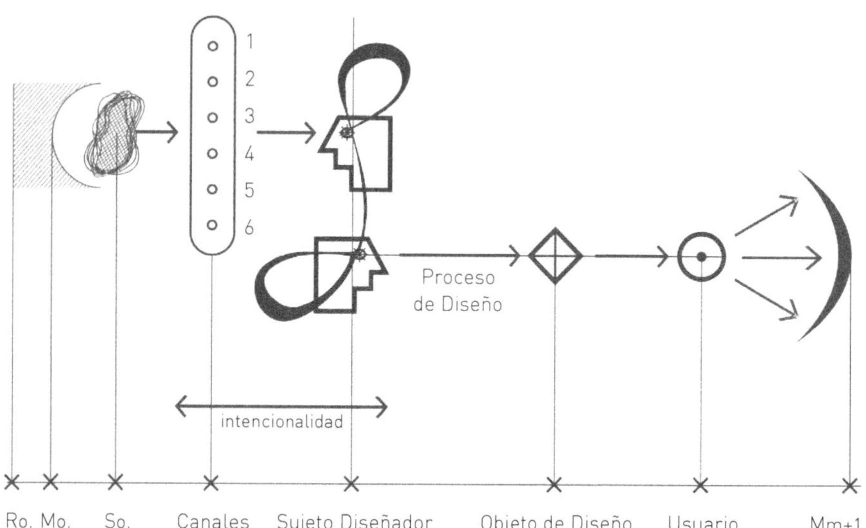

El diagrama adjunto repite al anterior introduciendo algunas variantes:
s° es la situación desencadenante, también con el sentido de una Ameba.
Se introduce un repertorio de seis canales básicos de estimulación:

Estos son los datos, lo que me es dado para diseñar

1. fotones — datos ópticos, lo que veo.
2. fonones — datos acústicos, lo que oigo.
3. afenones — datos táctiles, lo que registro con el tacto, lo que toco.
4. gensomas — datos gustativos, lo que registro con el paladar y lengua
5. asmones — datos olfativos, lo que siento con el olfato.
6. termones — datos térmicos, lo que siento con la piel en frío-calor.

El sujeto agente recibe el dato del mundo y a partir de éste hace un giro de 180° y mira hacia el comitente y produce un objeto de diseño que llega a éste y termina repercutiendo en un MM+1.

Lo que explicita el gráfico es la actitud doble del diseñador en dos instancias de "Intencionalidad", una en tanto intención de conocer y captar el mundo inicial en el cual está inmerso y otra en tanto intencionalidad de volcarse hacia un mundo que recibe su mensaje u objeto.

Aquí pues aparece y se registra como el auténtico desencadenante la noción de Intencionalidad.

Esta noción fundamental introducida por Husserl significa la salida voluntarista, existencial e inteligente del hombre frente a las situaciones del mundo.

El hombre es un ser intencional que enfrenta a la realidad con un sentido de proyecto que desborda o trasciende a la simple reacción mecánica instintiva biológica.

También sería el momento de introducir otras dos nociones fundantes de Husserl:

NOESIS: como el acto intencional o la faz de ese acto intencional en tanto apertura del sujeto al mundo, como operación que define al sujeto como tal y confiere al Mundo y a sí mismo sentido ontológico.

NOEMAS: como la faz de ese acto intencional que descubre, pone en evidencia y apercibe el dato mundanal como una estructura así intencionada por la propia acción del sujeto. El noema —datos noemáticos— para nuestro contexto de diseño es la nómina de datos componentes del objeto. Esa estructura de datos tiene, posee, muestra sentido y significancia.

Son los datos, factores o cualidades que el sujeto intencional descubre conformando una subestructura del objeto. Tal subestructura podría estudiarse en términos de morfología, sintaxis y semiótica.

El tema de la relación de mutuo encadenamiento entre noemas y noesis deja aún un amplio vacío a llenar con la investigación desde la perspectiva del diseño.

Presentamos a continuación una propuesta de sistemática:

	Materia	o	Lleno	o	Sólido	
	Vacío		Aire		Hueco	
Morfología **Cualidad**	Color luz	o	Blanco			
	Oscuridad		Negro			
	Sonido ,	Olor ,	Tacto fino ,	Cálido ,	Seco	
	Silencio	Neutro	Rugoso	Frío	Húmedo	

	Dimensión espacial	Conjunto-serie-pluralidad
	puntual	unidad-entidad
	Movimiento	
	Estabilizado	
Sintaxis **Cantidad**	Forma Geométrico Sistematizado-Regulado-Codificado Estructurado	
	Informe Amorfo No codificado Desestructurado	
	ayer - hoy - mañana	
	aquí - allá - más allá	

	Con significancia	nominación-lenguaje
	Sin significancia- insignificante	
		tiempo
	Significado	espacio
	Significante	
Sentido **Semiosis**		Valor axiológico-ético-estético
		Valor funcional
		Valor de significación
		Valor histórico-de filiación
		Valor lógico-matemático
		Valor ontogénico-filogénico

El análisis, aunque somero, que hemos hecho del diseño como acto psíquico podría dar lugar a un gráfico de remate. Tal sería una propuesta heurística de las conductas del hacer humano.

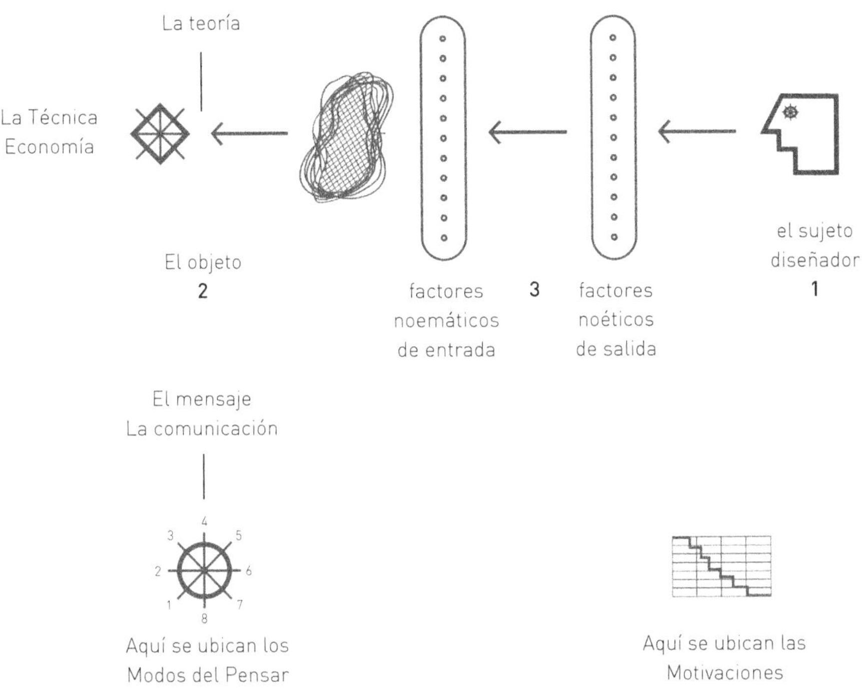

Podemos también recordar el diagrama básico del diseño:

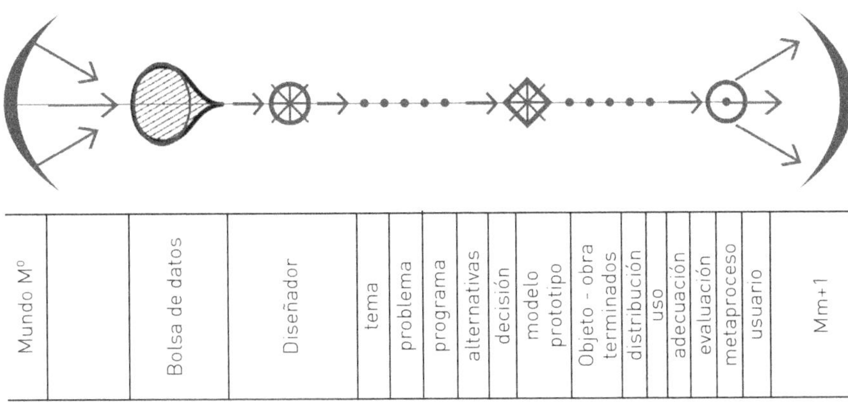

06. Análisis y cuadro de las motivaciones

En una acepción corriente, los fenómenos físicos se suponen resultado o efecto de "causas"; con el mismo criterio, los hechos, actos, conductas humanas —y aún también las zoológicas— tienden a ser consideradas como resultado de "motivaciones".

No es el caso ahora de entrar en una discusión semántica; es posible que en el fondo sea una cuestión más bien de complejidad y estructuración, dado que las "causas" responderían a un encuadre físico relativamente acotado o acabable, y las "motivaciones" implicarían combinatorias de circunstancias humanas, sociales, históricas, a veces casi inabarcables, insondables, discutibles, variables, otras veces instantáneas o sumidas en oscuridades de tiempos remotos.

El diseño —los diseños— en ese sentido remitirían a motivaciones como respuestas a agentes o estímulos sociales-históricos. Resulta entonces natural y fundamental remontar a las motivaciones, para el análisis, el conocimiento, la práctica y la didáctica de procesos de diseño. Hablamos de motivaciones más que de motivos, en tanto se trata de estructuras, combinatorias, secuencias de datos más o menos individualizables, atómicas o moleculares.

En la conducta práctica de un recorrido en auto de una punta a otra de la ciudad; en la conducta del aseo personal cotidiano; el vestirse, el prepararse para un viaje, en la conducta de asumir una idea, decisión política o en la de encarar la pintura de un cuadro... hay estructuras de motivaciones a veces muy numerosas, diversas en cualidades o poder de determinación, complejas sucesiones en el tiempo y el espacio, en condicionamientos sociales, en procesos interiores psicológicos conscientes o no, en repetición de modelos heredados o adquiridos.

Es, a todas luces, fundamental para el diseñador estudiar estas estructuras que, en último término implican conocer y tomar clara consciencia de los mecanismos profundos de su propia capacidad de diseño, de su persona, de sus tiempos, sus puntos fuertes, sus gustos y modos, sus posibilidades y, ocultas o semiocultas, ambiciones o inclinaciones, con el manejo de sus facultades de percepción, memoria, fantasía, razonamiento, intuición, artesanía, lógica, dependencia de modelos heredados, etc., etc.

De hecho todo diseño implica un cuadro de motivaciones y toda didáctica debe asumir este tema. Inconsciente o más o menos consciente, toda enseñanza cumple este requisito. Pero los tiempos y modos históricos han tomado al respecto caminos y metodologías muy diversas.

La posición del artesano es de aceptación casi fetichista a rutinas heredadas que fielmente se pretende trasmitir. La posición del académico agrega a esta aceptación un grado de sacralización dogmática, ideológica y filosófica —a veces también política— de cohersión, verticalismo y autoridad que pretende basarse en racionalidad. La posición contemporánea se torna cada vez más caprichosa, optimista y modalizada y en el fondo hipócrita, pues proclama un voluntarismo libertario pero en la práctica se somete a las leyes del mercado. En este sentido, el período heroico de los "ismos" (1900-1930) en cifras redondas, fue un momento de auténtica búsqueda y libertad, pocas veces repetido en la historia.

La teoría de las motivaciones ha recibido, últimamente, grande y progresiva atención en diversos terrenos en donde los factores en juego tienen un carácter de valores económicos, estéticos, éticos, etc. Se ha desarrollado extensamente en las áreas de las estrategias de paz y de guerras, de psicología y sociología, de ética y estética: ergonomía, teoría de las decisiones, estrategias, caminos críticos, metodología de gestión.

Nos incumbe ahora intentar una presentación del tema dentro de la problemática del diseño de objetos.

Los tipos de conducta

El presente capítulo sobre conductas o comportamientos del hombre tiene un doble fin:

a. Ubicar al diseño —tal cual lo puede ejercer un profesional cualquiera de las carreras que se cursan en la FADU, más otras especialidades como pueden ser actividades artísticas, técnicas de alta complejidad, procesos ideológicos especulativos, procesos de experimentación de laboratorio, prácticas de enseñanza, nuevos modos de expresión aleatorios, cibernéticos, de robótica, etc., etc.— dentro de la serie de conductas sociales, técnicas, científicas, de los grupos humanos contemporáneos y, muy en especial, establecer las mutuas relaciones con prácticas diarias, rutinarias, semi o inconscientes, reflejos, hábitos, rituales, mecanismos de fascinación, prueba y error con factores de indeterminismo-determinismo.
Sólo así se comprendería la específica actividad del diseño —sea de arquitectura, de cine, de gráfica, etc., etc.— en el marco de la complejidad y la relativa ilógica de la sociedad contemporánea en febril proceso de revisión y cambio.

b. Una vez aclarado convenientemente este aspecto del diseño, se pasará a un análisis muy específico y detallado de la precisa "conducta del diseñador", ubicada nuevamente entre los extremos de una acción biológica, natural de umbral cero y una acción de alta complejidad no sólo en la cúspide de un proceso de racionalidad, sino fundamentalmente, en la consideración de etapas de un más allá de la racionalidad, ahondando sin temores ni complejos, etapas curiosas de la "mente disparada". Las hipótesis de etapas más allá de la racionalidad algorítmica —supuestamente avalada científicamente— no pueden ni deben actuar como fronteras inviolables.

El artista, sin ir más lejos, puede aportar muchos datos en este sentido. Y no podemos olvidar que el diseño —mal o bien— es, puede o debe ser un arte o puede tener ingredientes valederos que difícilmente se dejen acorralar en algoritmos intransigentes e inconmovibles.

Haremos a continuación una exposición de los tipos de conductas del humano que responden a lo que llamamos un "Análisis Motivacional".

Entendemos que el hombre, en tanto ser biológico, prolonga la marcha de la naturaleza animal, vegetal y mineral introduciendo progresivamente modos de actuar cada vez más ajustados a las motivaciones que le presenta el medio.

La clave consiste en pasar de acciones-reacciones de tipo físico elemental mineral de carácter decididamente determinista a actitudes humanas de máxima inventiva, habilidad, capacidad de adecuación, capacidad de innovación frente a situaciones imprevistas, nuevas, anormales, ocasionales, inéditas. Este es en definitiva el asunto que trataremos con cierto detenimiento. *(Ver cuadro página siguiente).*

Hemos tentado un cuadro sinóptico para dejar bien en evidencia un proceso de diseño en sus momentos más explícitos.

En la realidad cada caso de diseño y para cada caso de diseñador tendrá caracteres particulares, en especial no será raro saltear etapas o invertir los términos.

Pero el gráfico se asume como un modelo teórico.

Deben destacarse los siguientes datos:

1. Se han supuesto cinco tiempos: impulsos, ideas, imágenes, memoria, percepto. Esto significa que un proceso de diseño (en este caso se tuvo en mente el diseño de una "casa solar"; pero se podría hablar de diseñar una silla, una cacerola, un afiche, un zapato, una película...) se sucederán etapas dentro de la psiquis del sujeto diseñador.

Inicialmente es indispensable un cierto nivel de impulso o motivación; una necesidad, pulsión, demanda, deseo, urgencia o solicitud. A partir de ese momento de "tensión psíquica", emocional, volitiva, gestual... el individuo es solicitado o puede él solicitar ideas, recuerdos o memorias, imágenes, ilusiones, fantasías. También —y esto es caso común— el diseñador es asaltado por perceptos, se le aparecen, se le dan, se le ponen bajo los ojos soluciones ya existentes que podría él adaptar o copiar como modelos prototípicos.

Es corriente que ante la necesidad de encarar un diseño —por ejemplo de un objeto de cocina— se "vengan" a la memoria todos o muchos de los objetos de cocina que ya conocemos y hemos visto. Cada uno de esos objetos intenta eventualmente ser adaptado por el diseñador como prototipo o ejemplo. En ese caso el diseñador puede quedar inhibido, en su propia iniciativa, por esos objetos que ya son soluciones. En cada caso el diseñador deberá decidir cuánto copia y recoge de lo ya hecho y cuánto rechaza para dar lugar a su propia inventiva. Es una alternativa que cada diseñador y en cada caso debe resolver en su conciencia. Recordemos —de todos modos— que, a veces, es mucho más correcto copiar bien y de un buen modelo que pretender una novedad.

	1. Impulsos		2. Ideas		3. Imágenes		4. Memoria	5. Percepto
¿DE QUÉ SE TRATA?	A. deseo o impulso "de ejercerse" "ser yo" A 1	a. impulso de expresarme personalmente, afirmar mi yo a 1	B. una "idea general" B 1	b. eventualmente agregar una imaginería vaga b 1	C. una imagen de "pura invención" C 1	c. una imagen adherida a la experiencia c 1	D. una imagen mnémica de la memoria, un recuerdo D 1	E. de un objeto-percepto presente y actual ante mí E 1
¿QUÉ HAY EN MI MENTE?	impulso vital energía biológica estado emocional necesidad de vivir A 2	deseo expresarme a través de alguna modalidad a 2	una idea general vaga, muy amplia B 2	una idea, como proposición, como primera aproximación b 2	una imagen de un objeto nuevo o inéditas sin ingrediente alguno C 2	una imagen de un modelo u objeto inédito aunque con apoyo de algo de experiencia c 2	el recuerdo de un objeto o modelo que vi ayer o antes y que presiona en mi frente D 2	un percepto esa villa, presente ante mí E 2
¿QUÉ DESEO HACER? pulsión	ejercerse hacer para ser para sentirse vivo A 3	ejercer alguna práctica más o menos codificada, latente o indeterminada a 3	deseo expresarme con esa idea y busco una modalidad funcional-social B 3	deseo organizar una serie de proposiciones relativamente sistemática b 3	deseo una imagen de "pura invención" C 3	conectar esa imagen u objeto nuevo, invención o descubrimiento c 3	fijar ese recuerdo pensarlo y traerlo al frente D 3	hacer una inscripción de ese objeto para perpetuarlo, usarlo, hacerlo funcionar E 3
¿CÓMO HACER O CONCRETAR? metodología-praxis-técnica	salir al estado de vigilia dejar el estado de pasividad buscar concretar A 4 → a 1	se requiere un tema: algo que decir, un motivo, idea, modelo a seguir a 4 → B 1	se requiere encontrar una imagen, un motivo, relación, signo o guión que canalice B 4 → b 4	se requiere concretar un esquema de modelo o programa b 4 → C 4	se requiere concretar y fijar una imagen nueva o "cero" C 4 → c 4	se requiere algún método de registro para aprehender y fijar la imagen c 4 → D 4	lo evoco, lo dibujo, lo registro, lo reproduzco se construye en base a memoria o documentación D 4 → E 4	se cumple esta inscripción, se construye efectivamente por copia directa. Puede seguir una crítica o metaproceso E 4
CASO DE LA ARQUITECTURA O DISEÑO	se parte del instinto de cobijarse A m	se apunta a expresarse a m	por ejemplo, una "vivienda solar" B m	un programa de esa posible "casa solar" b m	tengo una primera imagen de una casa solar, por ej.: una alegoría C m	se desarrolla esa imagen cada vez más concreta c m	se agregan recuerdos documentación datos de historia D m	una casa solar ya existente está ante mí, hay un percepto E m

En los procesos de diseño los grandes ingredientes, las ideas o intuiciones, las imágenes de cualquier tipo que sean y los recuerdos, experiencias, material de la memoria, se presentarán al sujeto diseñador de modos y en momentos distintos. El orden de ideas, imagenes, memorias y perceptos no es más que un ejemplo. En casos concretos pueden darse tales elementos o factores en otro orden y, muy seguramente, se presentarán compitiendo entre sí, superponiéndose, apareciendo y desapareciendo, acentuándose o amalgamándose en relativo desorden y cambio.

2. Se han supuesto también cinco tiempos que explicitan las situaciones y decisiones del sujeto: elementos de los cuales él parte, datos que están presentes en su mente, deseo o voluntad de hacer, modos, herramientas para ese hacer y el caso "casa solar" que se adjunta como ejemplo.

3. Con estas coordenadas se han cubierto los cuarenta casilleros del cuadro, insertando en cada uno las tareas, acciones o decisiones que el diseñador deberá encarar respectivamente. Nuevamente advertimos el carácter teórico del modelo que será corregido y seguramente muy sintetizado en situaciones de la práctica concreta de un diseño.

El sentido del diagrama es poner en evidencia cómo un seguimiento ejemplar pasa de planos muy ideales o generales y lentamente va descendiendo a situaciones cada vez más singulares y concretas hasta llegar a las definiciones finales.

El cuadro supone también la posibilidad de que la misma indagatoria del diseño conduzca a soluciones ya existentes y que podrían hacer innecesario un diseño original. Sería el caso —extremo o ideal— de alguien que quisiera repensar "desde cero" y "diseñar de nuevo" una catedral gótica. El extremo relativamente absurdo de este ejemplo sin embargo pone en evidencia que, más de una vez, el diseñador se olvida del sentido común y encara con frivolidad descubrir o inventar en áreas ya descubiertas, inventadas o conocidas.

En último término lo que el diagrama propone es visualizar un derrotero de estrategia de diseño —tal cual funcionaría la mente— y dejar en claro las posibles variantes, y, frente a ellas, los márgenes de intervención de la libre invención dentro de las coordenadas de fuerzas que actúan e interactúan en la mente en sentidos positivos o negativos.

El proceso de diseño queda pues evidenciado en un juego de motivaciones, donde fuerzas externas y factores internos del sujeto diseñador compiten, se ensamblan, se apoyan o se obstruyen.

El proceso de diseño visto dentro de un cuadro de análisis motivacional —juego de acciones y reacciones, estímulos y respuestas— se ubica en el marco más general de un acto psíquico. Este, desde luego enmarcado a su vez en un mapa de lugar, historia, condiciones materiales, económicas, sociales, etc.

1. Instinto de albergarse. El instinto vital.

2. Envolverse en un ámbito espacial La idea primaria que responde al instinto.

3. La "idea" de la casa solar. Una idea sustituta o anticipativa.

4. Un programa de necesidades respectivo. El programa respectivo en discurso.

5. Una "imagen pura" inédita arquitectónica. La imagen utópica.

6. Una imagen arquitectónica. La imagen posible.

7. Memorias, engrama, recuerdos de una casa vista. El engrama.

8. La presencia efectiva de una casa paradigmática, prototipo. El percepto.

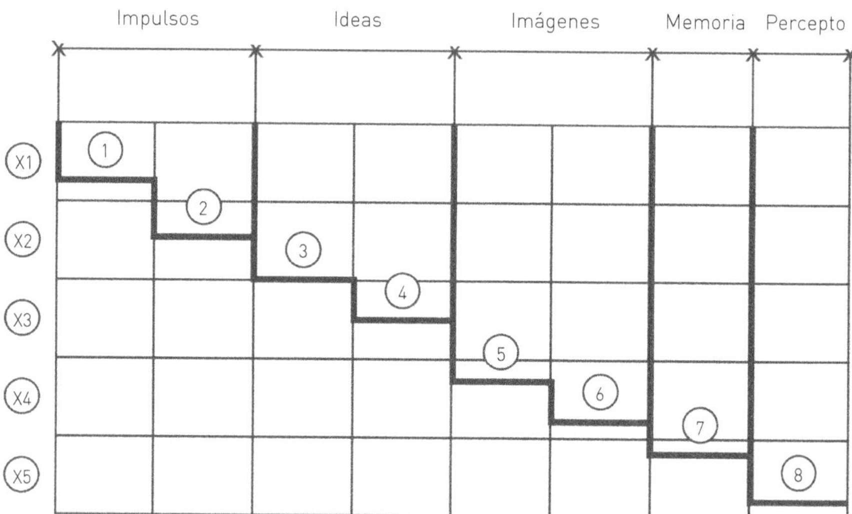

07. Tipos de comportamiento

Reacciones físicas, el primer nivel

Acciones y reacciones que estudia la Física y la Química. Mecánica de la materia inerte, "no viva".

Por supuesto estos fenómenos naturales no son propiamente hablando conductas, en sentido estricto, pero su análisis puede echar luz, como una etapa primera originaria, a las conductas bio-psicológicas propiamente dichas y que nos incumben.

La natural y elemental pero maravillosa conducta del mercurio que se dilata en volumen con el aumento de la temperatura resume toda la serie. Desde el más simple efecto de la piedra que cae de lo alto en vertical y se hunde en la arena generando un pozo como contramolde de su propia forma, hasta las complejísimas reacciones en cadena del laboratorio nuclear son ilaciones de causa-efecto cuya explicación científica jamás satura o reduce ese algo de mágico y fantasmático que hay en la realidad natural. Aquello de que la piedra ruede y caiga, el agua se deslice, ascienda el humo, se disipe la nube... caiga la noche... amanezca el día no pierde su embeleso. En alguna oportunidad cierta hubimos de maravillarnos cuando en el instante único, justo, preciso el pequeño guijarro se fracturaba por la simple acción del sol, ante nuestros ojos. El universo todo y su discurso eterno estaba allí para nosotros, testigos privilegiados... pero para que tal ocurriera habían debido pasar siglos en los cuales el sol y el guijarro habían dialogado sabiamente.

Estas son "conductas naturales", propias de la mecánica de la materia inerte. (!)

El hombre, por cierto, aprendió la lección bien pronto e inventó aquellas máquinas simples, maravillas de ingenio, prodigios de estética, paradigmas de ética.

Un segundo nivel, de lo fisiológico-psicológico

Lo físico se eslabona a lo biológico, el pasaje se hace cada vez más suave y transitable. Los límites resultan cada día más inestables y cuestionables. Las antinomias entre inerte y vivo, inorgánico y orgánico, cosa y ser, se tornan menos oportunos o significativos.

Los procesos orgánicos comprenderán la química de la célula, las funciones del metabolismo, reacciones y movimientos como respuestas del organismo a los estímulos el medio, crecimiento y maduración, reproducción, desarrollo neurológico, mecanismos sutiles de los sentidos, etc., etc.

Tampoco es fácil —si fuera aún posible y deseable— establecer escalones y límites entre estos fenómenos así llamados fisiológicos y los niveles psicológicos. Aquí también la ciencia acumula datos, material y experiencias que rellenan huecos y lagunas.

La Etiología, como estudio sistemático de la relación causa-efecto tiene la palabra.

Un análisis de los mecanismos de acción-reacción, estímulo-efecto, motivo-respuesta... puede acotarse con una serie finita, pero rica, de pares opuestos, algunos dialécticos. Estas dicotomías facilitan una visualización práctica, definen pares de rubros que no implican marcos estancos, por el contrario se complementan, superponen, intercambian.

La "libertad" o distanciamiento de una respuesta debe pensarse y valorarse según: 1. el estímulo específico, 2. las pautas de la especie, 3. el propio sujeto y sus anteriores respuestas y su capacidad de apercepción y concientización al presente.

Podemos explicitar.

1 SEGÚN LA DISTANCIA RESPECTO DEL ESTÍMULO ESPECÍFICO.

Las conductas deben estudiarse por grados de mediatez-inmediatez.

El sujeto tiene mayor-menor capacidad de distanciamiento y/o dependencia respecto del estímulo. Se trata de ponderar necesidad, causalidad, determinismo, previsibilidad, aleatoriedad.

Habría respuestas pegadas al estímulo, en tiempo, espacio, sustancia que se acercan al fenómeno físico-natural de causa efecto. Habría respuestas mucho más libres respecto del estímulo, más complejas e integradas y que asumen al estímulo como un detonante, casi como simple indicio.

Habrían reacciones casi o del todo inmotivadas, no justificadas, extemporáneas o absurdas, sin proporción respecto de la causa.

Habrían también estímulos que mueren como el agua en la arena, sin respuesta... y también respuesta-reacciones sin motivo aparente, injustificadas, estentóreas, desproporcionadas.

Todo esto que tanto tiene que ver con los "ismos estéticos" de comienzos de siglo, que remite al expresionismo, al surrealismo, a Magritte, a Duchamp... debe analizarse muy detenidamente en procura de una seria y profunda sistematización para comprender al hecho de diseño y saber ubicar la dialéctica del mismo. Esto sólo ya bastaría para armar una teoría y una metodología del diseño.

2. DISTANCIA RESPECTO DE LAS PAUTAS DE LA ESPECIE.

Se refiere al condicionamiento de la respuesta respecto de normas heredadas, impuestas, aceptadas o aprendidas; se trata de la antinomia independencia-dependencia que hacen a la originalidad, personalidad, singularidad del individuo sujeto, a su pasividad o iniciativa.

Habilidad, rigidez, flexibilidad, improvisación de la conducta.

Esta antinomia por si misma no certifica bondad, valor o interés de la obra resultante. La novedad por sí sola no es una garantía de valor positivo y con ello se desdice la obsesión casi malsana del artista en tanto su búsqueda apunta sólo a la originalidad.

Ser original no avala cualidad alguna por sí sola.

3. DISTANCIA RESPECTO DEL MISMO SUJETO.

Se refiere también al grado de novedad-duplicación, invención-copia, variación-constancia, repetición y/o autoplagio-crecimiento y/o desarrollo que la conducta o la obra de un sujeto manifiesta respecto de actuaciones anteriores del mismo. También al grado de conciencia-inconsciencia, apercepción-ceguera, automatismo-capacidad de autocrítica y auto distanciamiento, objetividad-subjetividad. Evidencia la posibilidad del sujeto de auto evaluación, la corrección, aprendizaje y metaproceso. En base a lo expuesto se podría imaginar un modelo espacial simple para ubicar una conducta puntual y visualizar sus condiciones de idoneidad, su consistencia, lógica interna, coherencia... todo lo cual sería de enorme interés para la didáctica.

Tal modelo podría ser:

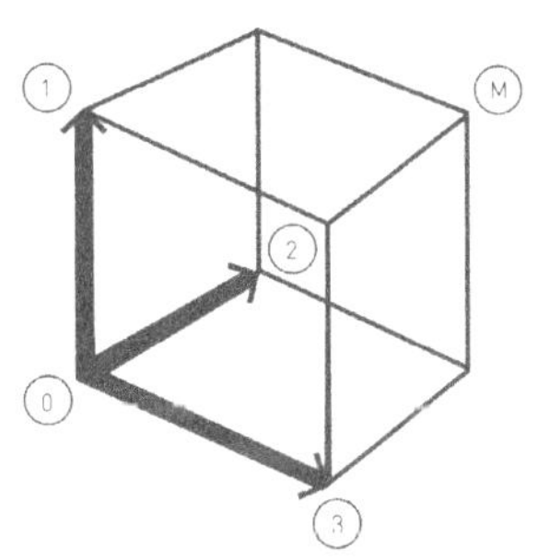

Respuesta de máxima novedad o
Invención teóricamente

La conducta específica se ubica en este
espacio en función de las tres coordenadas

Respuesta de novedad cero
1. Eje de distancia al estímulo específico
2. Eje de distancia al marco de la especie
3. Eje de distancia respecto del propio sujeto

Pueden hacerse algunas observaciones importantes.

a. Ninguna conducta —en el nivel humano y también en el zoológico superior— es neta y cabalmente ubicable en el casillero de un pretendido código o sistema de comportamientos.

Toda conducta puntual arrastra modos de la ontogenia y filogenia del sujeto. En ese sentido es importante, para nuestro estudio, concebir las conductas como legítimos procesos de acumulación y encapsulamiento, donde los modos más primitivos, inconscientes e instintivos son reasumidos y reacomodados dentro de estructuraciones más perfectas, complejas e inteligentes.

b. Un individuo, en una situación concreta, puede asumir la solución con una metodologia de sintesis, unicidad, completitud.

c. Puede recurrir a respuestas de mínima, automatismos o costumbres, apuntar a sintesis más ambiciosas, mayor complejidad, riqueza, fantasía, originalidad.

Funciona un principio de economía vital que procura la mayor eficiencia o rendimiento con el menor desgaste de energía. Toda novedad, creación, invención es, en principio onerosa, aventurada, riesgosa y agotadora. El individuo debe elegir.

La Etiología, como ciencia del comportamiento, puede inaugurarse con aquellas conductas de nivel primario que aparecen en vegetales y animales unicelulares tales como los taxis, tropismos y nastias. Desde allí progresivamente se trepa las complejas y fantaseosas conductas de la creación o invención.

Taxis, tropismos y nastias

Los primeros son reacciones motoras del organismo unicelular —amebas, bacterias, flagelados— de todo el individuo o de partes de él ante estímulos específicos. La materia viva es irritable, hay umbrales de excitación, ajuste de la reacción a la intensidad del estímulo, taxis positivos o negativos, de reacción o repulsión, tróficas o fóbicas. Sensibilidad a la luz, fototaxis; a la temperatura, termotaxis; hidrotaxis, quimiotaxis, tigmotaxis a estímulos específicos. Gran simpleza, monovalencia, reaccciones inmediatas, indiscernibles e inevitables.

Lo que interesa subrayar es cómo estas caraterísticas perduran en el hombre, aún en el más civilizado y en la sociedades contemporáneas, como fobias racistas —de triste memoria— sustento permanente de religiones, cultos y grupos sociales que no dejan de recurrir a inventadas razones o escusas para absolver su mala conciencia.

Los tropismos son reacciones propias de organismos vegetales. La impresionante sensibilidad de zarcillos y hojas ante el simple contacto;, los geotropismos positivos o negativos que orientan la dirección del crecimiento de tallos y raices; los fototropismos en busca de la luz solar. Son respuestas motoras específicas e inalterables ante estímulos específicos como parte del programa del individuo y de la especie. Tambien pueden extrapolarse en la conducta humana como caprichos, manías, fobias... que han sido ampliamente estudiadas por el psicoanálisis.

Los nastias o movimientos násticos son reacciones de vegetales de particular y selectiva dinámica —fotonastia, quimionastia, termonastia— de miembros del organismo como estambres, tentáculos y acciones de crecimiento o turgencia. Muy conocidos los ejemplos de reacciones de vegetales carnívoros que parecieran perdurar —a lo largo de siglos— en la agresividad del humano con notable insistencia.

El reflejo

Reacción inmediata, directa, específica a un estímulo también específico. Reacciones de glándulas que no involucran a todo el organismo. El reflejo de los párpados de tan notoria precisión, velocidad y automatismo. En ese sentido se podría suponer que el organismo arma a su alrededor como un aura o "cuerpo astral", como una envolvente corporal cuya trasgresión por un agente externo detona un sistema defensivo programado.

La conducta instintiva

Sin desconocer la polémica de vieja data alrededor del tema del "instinto", cabe señalar en el nivel zoológico un predominio de un tipo de conducta que llamaríamos instintiva en contraposición a la conducta inteligente que se supone caracterizaria al

humano. El uso del témino aquí no pretende ser técnico y más que desde un punto
de vista biológico el que adoptamos es heurístico.

Podríamos proponer un diagrama para ilustrar:

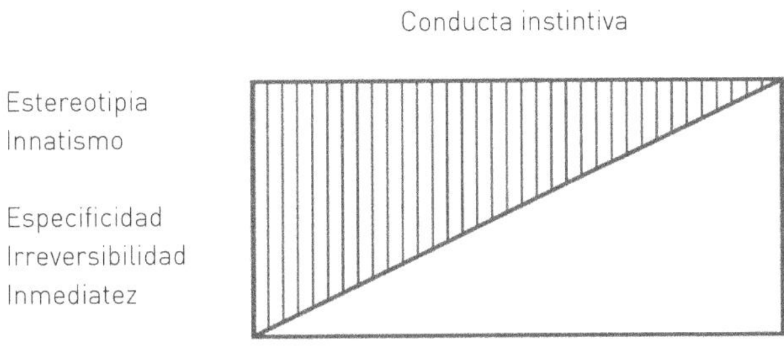

Entre ambos polos habría una línea de acción en perfecta continuidad. En la
línea filogenética la vida partió del instinto como reacción pragmática y de economía funcional y ascendió a la inteligencia como reacción de mayor movilidad y
adaptabilidad aunque mayor riesgo. Esto no excluye para nada la vigencia —y preponderante— en el humano de lo instintivo como recurso en el niño y en el adulto,
en el aborigen y en el altamente civilizado. En la rutina cotidiana el instinto juega
un papel preponderante, aún cuando de ello se crea no tener conciencia.

La reacción instintiva, con su carga de herencia y su autoridad resuelve enorme
cantidad de situaciones convencionales. En esos casos puede ahorrar energia y
tiempo. El riesgo constante es el estereotipo, la negación de la duda, de la reflexión
y de la apertura a soluciones o planteos trasgresores, innovadores, desconocidos.

Presentamos a continuación las características más notables de estas conductas
instintivas.

1. ESTEREOTIPIA: como conducta de máxima fijeza, inmutable, inadaptable a situaciones nuevas o sea mínima plasticidad o posible mejora o corrección. Las experiencias no se acumulan para mejorar la reacción, un instinto no se aprende ni se
   optimiza.

2. INNATISMO: el acto instintivo está diseñado por la especie en un larguísimo proceso filogenético, es adquirido por herencia, no hay un legítimo aprendizaje ni evolución ulterior, se llega a él por una suerte de memoria de la especie, puede o
   debe alcanzar un grado de madurez y de eficiencia y allí se fija.

3. ESPECIFICIDAD: se requiere el estímulo detonante específico, oportuno en tiempo,
   lugar, calidad, intensidad, una estructura muy fija de contexto.

4. IRREVERSIBILIDAD: el instinto es una conducta fuertemente preprogramada como
   sucesión de etapas inapelables. El agente está como hipnotizado en recorrer pun-
   tualmente la rutina. Cuando el acto es interrumpido desde afuera el individuo no
   puede retomar el desarrollo en el punto de detención y debe recomenzar todo de

nuevo. Hay pues una total incapacidad de reflexión—para aquilatar la situación. El individuo queda paralizado en el estupor y abandona su tarea definitivamente o la recomienza a partir de cero. No hay aprendizaje, no hay control de lo que se hace, se actúa ciegamente.

5. INMEDIATEZ: el agente no puede despegarse de su quehacer ni de su obra, no puede tomar distancia, objetivar. El animal, su función y su resultado no pueden descomponerse en factores, constituyen una unidad solidaria. El agente está inmerso, sumergido y atrapado por su deber hacer.

La consideración de este hecho es crucial para nuestro cometido, el diseñador queda atrapado por su diseño y entonces no progresa. Este hecho es común y regular en la tarea del arte y del artista porque es natural en la actividad general del hombre.

Hay como un determinismo teleológico, conducta estructurada hacia un fin que exige un proceso en cadena fija y numerada de actos-etapas. Esto garantiza eficiencia, menor gasto de energía, rédito de experiencia acumulada por la especie. Los actos que tienen éxito se repiten porque garantizan la supervivencia.

La conducta animal sigue linealmente este programa. En la actividad humana la sociedad busca esa garantía y en la vida diaria la reacción instintiva, inmediata, irreflexiva, repetitiva es una constante de inmovilidad.

Este es un tema crucial en la práctica del diseño y en su didáctica.

El instinto es un acabado modelo de comportamiento prefijado para aventar toda incertidumbre, novedad, excepción, imprevisibilidad que exigiría la toma de iniciativa y riesgo de cambio.

La civilización técnica, el empleo de maquinaria compleja exige creciente exactitud e identidad en la intervencion del hombre. A tal situación, tal función o tal evento: la conducta debe estar programada de modo mecánico, ineludible y constante. El resultado debe ser totalmente previsible. Para ello toda innovación, toda problematización que exija o favorezca improvisaciones deber ser suprimida. Las conductas son codificadas. Sólo así puede un equipo humano dominar la alta complejidad que imponen los sistemas técnicos, como es el funcionamiento de una aparato de alta velocidad, un submarino, un satélite artificial.

El hombre no debe pensar por su cuenta, no debe darse lugar a la duda, las mismas alternativas deben estar estudiadas y prefijadas.

Se trata de conductas cerradas: a cada situación la respuesta está ya prevista y el código predetermina la decisión óptima.

Las conductas abiertas son precisamente aquellas en las cuales siempre se garantiza grados de novedad, libertad, independencia, iniciativa.

Queda así planteado uno de los temas más urticantes y difíciles de la cultura contemporánea.

El diseñador y el didacta inician aquí una problemática del más hondo sentido histórico y deben ponerla sobre el tapete para saber cuándo y cómo actuar.

Hay en juego valores económicos, estéticos, filosóficos y éticos insoslayables.

Automatismos

Con lo expuesto referente a lo "instintivo" ha quedado de hecho cubierto mucho de lo que se entiende por conductas de automatismo, mecanismos de hábito, rutinas, comportamientos técnicos.

El automatismo es aquel modo de actuar que inhibe, de entrada, la mediatez, la reflexión, la ponderacion de resultados, los valores en juego. Es un comportamiento que pone en primer plano la velocidad de respuesta, confiando en superestructuras que garantizan éxito aceptable.

La rúbrica o firma escrita como expresión de una personalidad, los mil gestos de la vida diaria, el hacerse la corbata, el atarse los cordones del zapato, el encender un cigarrillo... y la serie de actos y manipulaciones que exige el manejo de un auto, el escribir a máquina, las tácticas corporales de un deporte... son cadenas de automatismo.

El cuerpo del individuo queda como adherido a la particular morfología del objeto-herramienta y sólo así la función mecánica tiene éxito.

El automatismo pone bien de manifiesto su primitivismo, su corto alcance, su plasticidad nula, su efectividad puntual, acotada. Estas limitaciones son, por otra parte, sus condiciones de éxito. El automatismo es una memoria corporal y, en tal sentido, rige en un porcentaje fabuloso el comportamiento del hombre.

Sin el recurso del automatismo el hombre no podría prácticamente desarrollar su existencia. De ahí este doble mensaje. El automatismo es imprescindible y el automatismo es deletéreo y, en ocasiones, implica el suicidio del individuo frente al éxito de la especie. No hay que pensar, reflexionar, razonar, juzgar, evaluar.

Exige definir tiempos, lugares, condiciones, velocidades, efectos, insumos.

Desde el acto de matar un mosquito en base al sólo dato del zumbido hasta los procesos complejos, detallistas, minuciosos, preciocistas del artesano, del calígrafo, del manejo de piezas de precisión, del virtuoso en el violín, el lápiz o el bisturí... el automatismo está presente. Garantiza éxito y a veces es totalmente imprescindible.

El hábito

Conducta adquirida o aprendida y fijada para el futuro, en consecuencia difícil de olvidar. Reacción eficiente, modelo de arquetipo correlativo a un esquema de estímulo, situación prefijada. Es una práctica asumida como paradigmática, de escasa plasticidad aunque puede admitir variaciones, mejoras y deterioros de vulgarización.

Se pueden distinguir escalones o subestructuraciones del acto del hábito:

1. Una subestructura de arquetipo a la cual se accede y se asume como modelo heredado, tradicional o adquirido individualmente. Se puede dibujar su esquema, numerar sus factores, calificar su racionalidad o su arbitrariedad.

2. El hábito admite perfeccionamiento y adecuación relativa a variaciones de solicitación, optimización, perfeccionamiento estético.

3. El hábito puede vaciarse de significado, tornarse inadecuado o anticuado, puede desgastarse por cansancio y terminar en una repetición caótica.

El núcleo básico de arquetipo se fija como huella o engrama conductal en la memoria más somática que cerebral; se arman como tejidos, encadenamientos o fuertes mallas de moléculas gestuales que se reiteran monótonamente. De todos modos los hábitos pueden ser motivos de placer, de felicidad genuina.

Casos particulares o sinónimos eventualmente de los hábitos son las costumbres, ritos y gestos sociales, modos de la cortesía, del vestuario, de la comunicación verbal o no verbal. Dichos, consejas y refranes son hábitos.

Estas estructuras de la comunicacion han sido muy estudiadas: funcionalidad-simbología, exteriorización-interiorización, fanérica-críptica, ritualización-aleatoriedad, aprendizaje-improvisación, sintagma-paradigma, morfología-sintaxis. Toda superestructura social —sistema político, religioso, artístico— de hecho crea, impone hábitos y explota y subyuga con su sacralización.

Se podría intentar un diagrama

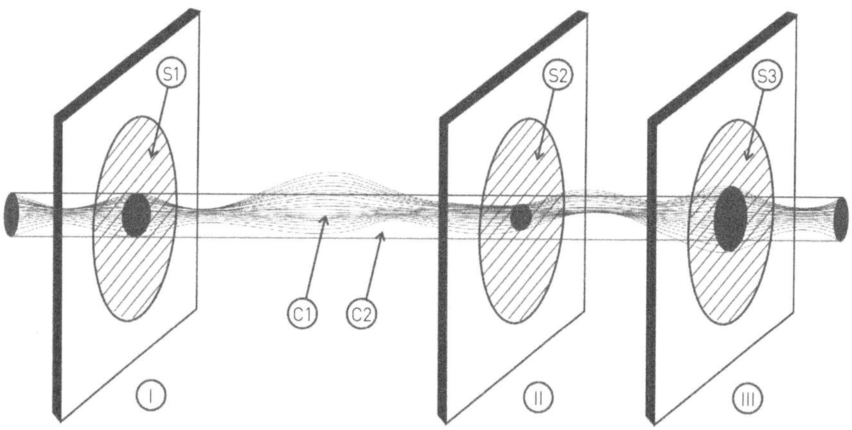

Hay una flecha del pasado al futuro de izquierda a derecha. A lo largo de esa flecha del tiempo trazamos un cilindro c_1 que representaría una conducta de hábito uniforme en el tiempo.

En la realidad, una conducta de hábito no es nunca perfectamente uniforme y sufre modificaciones, adaptaciones al medio y a la ocasión, a circunstancias, etc.; por eso la indicamos como un cuerpo cilindroide c_2.

Seccionaremos el proceso, por ejemplo, en tres momentos históricos I, II y III. Estos tres rectángulos indicarían los campos o mundos tal como se darían en esos tres momentos históricos (dentro de la vida del individuo en cuestión).

s_1, s_2 y s_3 indicarían las configuraciones en los tiempos I, II y III del sujeto s, entendiendo que ese sujeto s no es constante sino que sufre también adecuaciones, variaciones por edad, oportunidad, aprendizaje, etc.

La copia

Imitación, duplicación, reproducción, repetición, representación, imagen fiel, son términos que se usan con bastante ligereza para explicitar una conducta fundamental del humano. Ha sido muy torpe —a veces con evidente prejuicio descalificador— ligeramente tratado este concepto de copia. Creemos que el vocablo que pondría un poco de orden sería el de duplicación.

Una copia implica cinco factores:

1. Un modelo asumido como tal, como prototipo, paradigma, ejemplo.
2. Un deseo de duplicación, declarado o no pero imprescindible factor detonador.
3. Un mecanismo de acción.
4. Un mayor o menor concepto de imitación fiel, o sea de aceptar el modelo como ley o bien una voluntad de separación o alejamiento (supuestamente voluntad de egotismo, de novedad o enmienda, de mejora o perfeccionamiento).
5. Un objeto resultado.

La copia o duplicación —una vez superada la resistencia o complejo de inferioridad que comúnmente el acto de copiar conlleva— se plantea como una conducta de enorme importancia y de incalculable mérito intrínseco, y plantea la enorme problemática que se trata hoy día bajo el término de inscripción. Inscribir como acto de agregar a un soporte teóricamente inactivo un dato de significado. Toda copia o duplicación implica un acto de inscripción y como tal deja de ser pasiva para ser una conducta altamente significativa.

Remitimos a los trabajos de la Escuela de Frankfurt —Horkheimer, Adorno, Fromm, Benjamin, Marcuse, Habermas— especialmente interesados en el tema, quizá los primeros que vieron la enorme trascendencia que tenía la producción mecánica de objetos en serie, comenzando con el fenómeno histórico de la imprenta. Seguramente los primeros que reivindican la "copia" como objeto cultural constituyente de primer orden de la historia del hombre. Con este criterio, este "acto de duplicación" merece tan singular ubicación en la hermenéutica contemporánea y, consecuentemente, merece nuestra más atenta y seria consideración.

En las escuelas de arte, desde la prédica renacentista académica, la copia fue tomada como ejemplo de lo que no hay que hacer.

Un intensísimo prejuicio contra la copia —a favor de lo ingenioso, de la novedad, la inspiración, lo propio del creador— fue un factor tradicional que no se discutía. Las escuelas de diseño —en ese sentido— abrieron o reabrieron la polémica y es muy saludable que vuelva o se siga insistiendo.

Basta afirmar —y la investigación heurística, psicológica y sociológica lo ha demostrado— que el ser humano no "inventa" prácticamente nunca. Y por supuesto, no crea jamás. (sólo podría crear un dios). Un artista como Rembrandt o Malevich, por citar dos genios, tan sólo habría podido "inventar" algo o introducir algún factor relativamente nuevo dos o tres veces a lo largo de toda su existencia.

Debemos, de una vez por todas, erradicar de nuestro yo concupiscente, de nuestro inconsciente errático y nebuloso y neurótico, de la opinión de las mentes académicas y de las bibliotecas eruditas el prejuicio del "invento", de la novedad, del ego de la creación, de las idolatrías que rendimos a la necesidad de ser originales, propios, únicos, soberanos, inéditos, singulares, exóticos. La era de estos vicios del personalismo, de los *dandys* y genios ha pasado. Ya nadie verdaderamente recuerda, lee o sigue a los Byron, los Shaw, o los Oscar Wilde, o cuanto menos sus extravagancias ya no importan demasiado.

El tema de la copia se ubica estratégicamente entre la duplicación exacta y la invención o innovación absoluta. Sabemos cuánto este tema preocupó a la filosofía clásica. De hecho una serie de vocablos afines, homónimos o sinónimos o parónimos han aportado ingentes cuotas de confusión y sería muy importante llevar a cabo un inventario serio y una profunda reclasificación. Por cierto, el Círculo de Viena y el Neopositivismo lógico encabezaron, a principios del siglo, una revisión de la terminología; pero no parece haber sido suficiente.

Nos vemos así envueltos en una serie de interpretaciones, modos de decir, gustos y costumbres, fobias y manierismos que confunden y oscurecen las exposiciones.

Más adelante —en lo que titulamos "la ameba"— haremos referencia a esta plurisemia. Los textos de psicología y de diseño están plagados de estas desprolijidades. Pensemos, sin más, en el enorme cúmulo de sentidos, interpretaciones y contradicciones de la sola palabra "imagen".

El diagrama que adjuntamos ilustra el "sentido de copia". Como caso paradigmático usamos la copia clásica del grafismo o dibujo para ilustrar el caso.

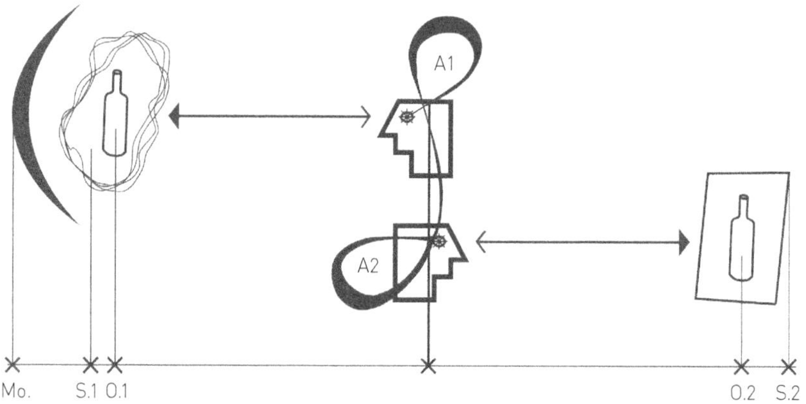

El sujeto —en este caso el dibujante A1 enfrenta al modelo a dibujar O1— en este caso una simple botella.

El objeto O1 está ubicado, quiera o no, en una situación S1, una habitación, un complejo de otros objetos o útiles, un paisaje artificial, una escenografía, una vidriera... y este paisaje o situación S1 está, no puede ser menos, insertado en un M^0 o mundo cero que contiene y enfrenta a A1.

A1 recoge los datos que le interesan de O1, los ve, los percibe, los conjuga, en una selección a su modo o estilo; los piensa, los pondera, rechaza y/o subraya y los va reciclando en un juego de ida y vuelta, de entrada y salida, de recepción y expedición —que señalamos con la doble vuelta o lemniscata— y desde su nueva decisión-posición de A2 los reenviará al mundo en la construcción de un dibujo 02 que es una copia, duplicación, réplica, interpretación, representación, expresión... que vincula indisolublemente y biunívocamente a 02 con 01.

El fenómeno-hecho de humanidad ha quedado sellado.

Agreguemos otro diagrama:

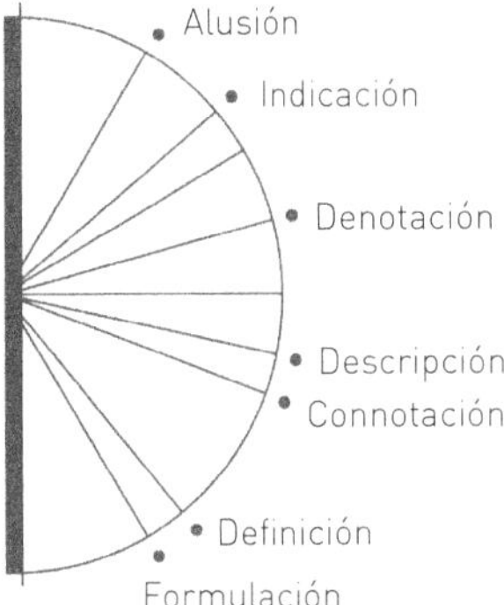

Puedo así aludir a la tormenta que se anuncia, denotarla, describirla, procurar una definición. En definitiva, todas éstas son modalidades mentales en palabras referidas a realidades, pero todas ellas manifiestan grados de acercamiento-distancia respecto de esas realidades. Una cosa es aludir como mera suposición o conjetura y otra cosa es, frente al fenómeno, describirlo o pretender una definición acabada, objetiva, científica. Pues bien, esta problemática de cercanía-lejanía, está aludiendo, en otras palabras, a la problemática de la copia.

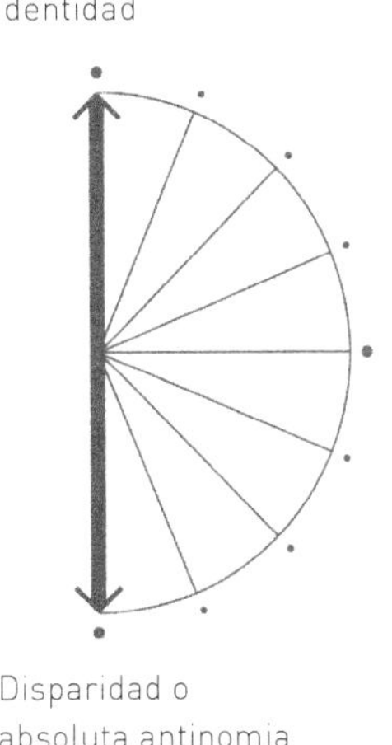

la igualdad, la copia fiel, la duplicación, la apariencia o el parecido, la similitud o la semejanza.
la imitación, la mimesis, la imagen,
el simulacro, la simulación, la réplica, la efigie,
el fantasma, el camuflage, la ficción, las "eidolas",
la silueta, la sombra, la proyección,
el símbolo, el signo, la señal...
y luego aquellas designaciones que encaran
las diferencias, contrastes, oposiciones...
y las posibilidades de la cuantificación como en la igualdad,
la equivalencia, la equipotencia, el equilibrio...
y las posibilidades de, respetando valores
de reconocimiento aceptar variaciones: más
elegancia, mejor acabado, complejidad,
pregnancia, ambigüedad, icástica, exorno, etc.

Frente a un objeto = cosa, asumido como modelo y punto de comienzo o arranque de un proceso, se puede dar una serie de instancias de cercanía-lejanía. El esquema tentativo podría ser el siguiente. Entre dos posibilidades extremas, antinómicas de identidad y total disparidad, se abre un abanico de instancias en gradiente.

En este orden de cosas, queda claro cómo la noción de copia o duplicación —sin entrar en un tratamiento lógico-matemático que escaparía seguramente a la formación del diseñador y a sus intereses— se puede proponer también otra serie no exenta de interés.

Prueba y error

Ante una situación que apremia, el sujeto, sin un modelo o una experiencia para seguir, responde espontánea, relativa, inmediata o reflexivamente con una solución de tentativa. Se tienta una salida, se improvisa, se propone, se medita, se ensayan alternativas, se apoya en recuerdos, se proponen posibilidades, se especula con la casualidad. Lo básico es esa actitud de prueba, de ensayo, de acertar, de tentar la suerte, jugar al azar.

El organismo reacciona con relativa ceguera, y se libra a un ejercicio de acción motora que, en base a su propia dinámica, provea posibilidades de dar con la buena solución. Se prueba y vuelve a probar jugando una dialéctica entre el azar y la reflexión. Se apuesta a la posibilidad de una solución por casualidad.

Teóricamente, es un juego entre casualidad y causalidad. El mecanismo es aleatorio. En ocasiones el aspecto novedoso o de exabrupto de la solución puede aparentar una acción inventiva, es decir un factor de invención inteligente. A menudo el sujeto queda sorprendido por la aparición casual de una solución acertada, y su ausencia de distanciamiento y proceso reflexivo no le permite capitalizar el logro como una experiencia aleccionadora.

En situaciones de extrema angustia, el individuo pierde la posibilidad de una reflexión serena y se deja llevar por el azar de modo pasivo y resignado. En otras ocasiones, el sujeto tiene paciencia pero no reflexión y la lógica simplista se impone: tanto se prueba que alguna vez se acertará. En ocasiones la ausencia de un adecuado algoritmo o de una fórmula de acción práctica o de un suficiente conocimiento del problema no deja otro recurso que la prueba y error.

Ante un artefacto detenido, cuyo mecanismo no conoce como para actuar racionalmente, el individuo acosado por la angustia, recurre a frenéticos golpes de mano, confiando un poco en la suerte o en una fuerza milagrosa que podría intervenir. Tiros al aire, manotazos de ahogado, son modos de hacer "algo" para ganar tiempo, no aceptar la impotencia.

Todo esto pone al descubierto los delgados límites que separan el acto reflexivo del acto al azar cargado de angustia, y son notable ejemplo de las estrechas y delicadas superposiciones que pueden darse.

La prueba y error ha sido analizada con prolijidad y preferencia por la psicología gestaltista en tanto era importante deslindar actos rutinarios automáticos, actos aprendidos o impuestos, actos prácticos artesanales, actos de reflexión y abstracción sistemática, actos al azar y actos tentativos.

En las conductas de prueba y error hay —o puede haber— un poco de todo y en especial pueden darse desarrollos en el tiempo cuando se intenten estrategias plurales.

La prueba y error ha sido bien analizada en términos de mecanismos perceptivos.

La prueba y error también se cumple a un nivel puramente perceptivo, como cuando buscamos con los ojos y sin movernos un objeto perdido. En ese caso, tan usual, los diversos mecanismos puestos en juego despliegan un abanico desde la búsqueda desordenada y casi neurótica hasta las tácticas más disciplinadas y auto-controladas.

Supongamos un laberinto en "H" en el cual se ha extraviado un objeto pequeño, un reloj. Podemos suponer cuatro estrategias.

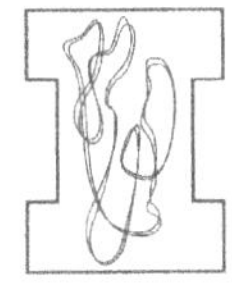

1. Circuito de recorrido en prueba y error

El sujeto recorre al azar, pasando más de una vez por el mismo lugar, sin capitalizar la experiencia y dejando otros lugares sin recorrer. El éxito de encontrar el reloj es sólo producto del azar.

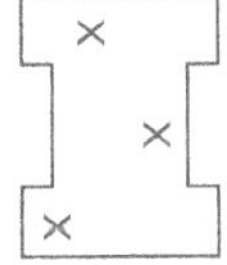

2. Circuito de recorrido basado en "azar programado"

Se eligen tres puntos cualquiera y se prueba si ahí se encuentra el reloj; todo depende de la suerte, del golpe de dados.

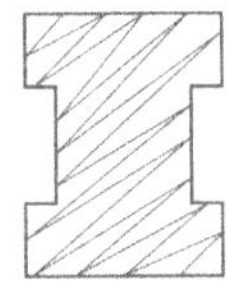

3. Circuito de recorrido racionalizado por exhaustivación

Se cumple un barrido geométrico, meticuloso y estratégico sin dejar ni un centímetro cuadrado sin recorrer. El resultado positivo sería por exausti-vación, pero con gran desgaste de energía.

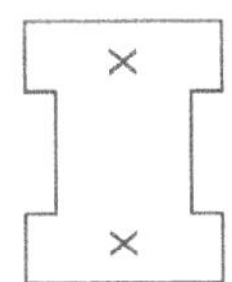

4. Circuito de recorrido de exploración racional optimizado

Se estudia la situación, se definen dos puntos, por ejemplo, desde los cuales se puede comprobar visualmente todo el territorio. La elección de los puntos estratégicos es esencial y define la percepción del cálculo intelectual del método de máxima economía y máximo rendimiento.

La prueba y error se puede también efectivizar a un nivel de imaginación, como en muchos juegos de azar. El análisis de prueba y error permite extraer conclusiones. En la solución al problema de "encontrar una x" hay dos áreas de factores. Un área corresponde a las aptitudes y actitudes, mecanismos y metodologías de exploración que posee el sujeto. El otro área comprende el campo de acción, estructura de óntica, de realidad, de geografía, tiempo y cultura implicados.

En el primer enfoque se debe subrayar la conveniencia de pautar conductas en función del cuadro de circunstancias, como principio de economía biológica. En este sentido, la prueba y error es aún oportuna en muchas ocasiones casi como sistema de lúdica.

En el segundo caso el sujeto se enfrenta con un bagaje de significancia que debe administrar para que su lectura sea pertinente y eficiente. Aquí la teoría de los signos puede ser de gran utilidad, a ella remitimos. La búsqueda de una "x" se puede encarar, digamos positiva o negativamente: buscando la "x", diferenciándola y acentuando su singularidad de todo el contexto o borrando al contexto hasta dejar la "x" sola.

Trabajar sobre la entidad o sobre el contexto, en definitiva, significa entrar en la dialéctica del fondo y figura, de la gestalt y el paisaje.

De alguna manera se pueden considerar y estudiar comportamientos muy distinguidos y llamativos que se adjudican a la vida zoológica, como modos de actos de prueba y error, ensayo, intentos que se rescatan para optimizarse.

Hay por lo menos cuatro actitudes típicas y muy señaladas de animales en cuanto significan: actitudes de ensayo, actitudes de acopio de experiencia para acrecentar el rédito, actitudes de resolver situaciones relativamente nuevas y actitudes que exigen la intermediación de útiles u objetos como medios de lograr objetivos.

Las actitudes de ensayo se refieren a que el animal, frente a situaciones que implican obstáculos o dificultades de lograr la satisfacción de un deseo por medio de un acto directo, prepara actitudes de búsqueda, de rodeo, de prueba y error, de optimización. Por ejemplo, cuando un alimento codiciado es ubicado en un recipiente, el animal logra extraer el fruto del recipiente-obstáculo. Saca el fruto del recipiente o lo vuelca. Cuando entre el animal y el fruto codiciado se interpone ex profeso un obstáculo-pantalla, el animal es capaz de comprender la situación, ensayar un camino de rodeo, eludir un obstáculo o franquearlo. En oportunidades, el animal debe alejarse previamente del fruto para rodear el obstáculo y luego volver a acercarse y tomar el fruto, o lograr descubrir circuitos más complicados de alejamientos y acercamientos sucesivos, hasta llegar a tomar contacto directo con el fruto deseado.

En los clásicos experimentos de Köehler con sus chimpancés, en el zoológico de Tenerife en 1917, los animales lograron instrumentar objetos (cajones, sillas, etc.) para subir a ellos y alcanzar el fruto colgado a cierta altura inaccesible desde el piso mismo. Estos ejemplos demuestran claramente que el animal logra algún tipo de visualización del total de la situación y, a continuación, logra visualizar la conducta que resuelve. El animal comprende que desde el piso el fruto colgado le es inaccesible y que la solución está en interponer un objeto (silla, cajón) para trepar a él y llegar a la altura necesaria. En estos notables casos, el animal comprende la situación, o sea, entrevé un problema e imagina una solución y pone en funcionamiento un objeto herramienta. El animal supera la inercia y el fracaso, busca un objeto instrumento que pueda servirle y llega a combinar objetos diversos para obtener un complejo instrumental que le sirva de herramienta.

Estos procedimientos de ensayo, prueba y error, imaginación de soluciones, contener la prisa y el nerviosismo, detener acciones, respuestas inmediatas inconducentes, detener el tiempo y reflexionar, mirar y observar la situación y lograr la presentación intuitiva o sincrética, demuestran grados de inteligencia práctica incuestionables y notables. Lo que falta, evidentemente, es el ingreso a la facultad de la palabra.

Conducta Práctica-Instrumental

Representa la actividad humana empírica y pragmática, el ir y venir entre las cosas, el entendérselas con la objetividad material, el fabricar objetos y fundamentalmente utensilios o instrumentos domésticos. Esta inteligencia práctica era, según Bergson, la definitoria del *homo faber*.

Se puede tomar como punto de partida un procedimiento de prueba y error, cuando una salida-solución resulta positiva y se repite y se adopta, se copia, se trasmite, se perfecciona y deviene una práctica de artesanía. Pero la conducta empírica apunta a una muy severa y rígida sobrevigilancia de parte del propio sujeto que se adopta como hábito, habilidad y profesión.

Lo que no tiene aún esta conducta es un planteo previo, paralelo o posterior a nivel de reflexión teórico-abstracta. No se logra —ni interesa— ese nivel de problemática reflexiva de metaproceso que conducirá al nivel de la teoría y ciencia.

En un primer escalón hay una injerencia o compromiso del cuerpo: miembros, manos, a través de un férreo control muscular, óptico, táctil, auditivo. Se debe arribar a un comportamiento de gestos y movimientos eficiente.

Supongamos el caso de una persona que cae al agua y ensaya una dinámica para mantenerse a flote. Con el tiempo esa dinámica desordenada y aleatoria se irá disciplinando y ordenando hasta lograr un sistema de funcionalidad y eficiencia. Por fin esa dinámica será fijada en una sistemática ajustada y armónica; eso será la natación.

Podemos intentar un esbozo cronológico.

1. Un primer estadio incluiría la utilización por el hombre de fragmentos de materialidad en su estado natural, encontrados al azar o recogidos con alguna pesquisa: ramas, piedras, conchas de moluscos, dientes o huesos de animales, pieles, hojas, etc., etc. Tales fragmentos serían recogidos y usados tal cual se ofrecían y debieron provocar mayor o menor asombro o júbilo, tal como ocurre con el niño o el gato. No dejarían tampoco de generar cierta extrañeza, admiración, veneración y se conservarían quizá como fetiches, amuletos o adornos de jerarquía. Tales pudieran ser los llamados "eolitos". Los famosos *ready-made*, objetos encontrados y archivados en contextos muy especiales con el fin de estructurar significaciones polivalentes y/o ambiguas, como ejercicios semióticos fueron la versión dadaísta, siglo xx de aquellos antecedentes.

2. Un segundo estadío consistiría en la búsqueda consciente de objetos materiales ya dados, procurando adecuarlos a funciones conocidas pero varias: martillar con el taco de un zapato, matar una cucaracha con la zapatilla.

   Esta etapa no deja de tener sentido en su propio sin sentido. Los *gags* surgen generalmente de estos procesos que aproximan un objeto a una función cuando, ni uno ni otro, han sido pensados en correlación lógica.

3. En un tercer nivel asistiríamos a la fabricación del objeto-utensilio a partir de una idea, una visualización interna, una decisión consciente y generalmente apoyada en un vocablo que nomina o un breve discurso, un modelo, una cabal comprensión de la necesidad y la circunstancia, del programa, de las posibilidades de los materiales y técnicas disponibles, de los insumos y del rédito supuesto. El hombre será consciente del vacío o laguna o déficit o necesidad que debía cubrirse.

En un comienzo, quizá los objetos a construir no tuvieron un nombre unívoco —hubo que bautizarlos— quizá tampoco tuvieron ni forma ni tamaño ni material demasiado definidos, no hubo seguramente un modelo muy claro en el imaginario ni mucho menos una graficación intermediaria y de aproximación. Pero no obstante el hombre pudo configurar un hacha de piedra, tallar una flecha, armar un arco, modelar una tinaja, una rueda de moler, trenzar una cesta. ¿Acaso no veríamos en esos hombres antepasados auténticos ingenieros y genios audaces?

4. El cuarto estadío implicaría la sistematización de estos procesos manuales instrumentales para lograr líneas de producción, modelos y series con etapas bien diferenciadas de "proyecto" y de realización, de distribución y consumo.

Esta etapa ya iniciada en la historia del Medio Oriente, se perfecciona en el Renacimiento, desemboca en la era industrial del siglo xix y alcanza la eclosión con las máquinas herramientas, la automación, la robótica, la cibernética...

La síncresis perceptiva
Reestructuración o reorganización del campo perceptivo

Ante un compuesto de estímulos varios y heterogéneos, el organismo puede tener dificultad de comprender, saber de qué se trata y nominar, ubicar y en consecuencia, decidir una ruta oportuna de respuesta. La pluralidad de valencias de los estímulos —colores, formas, tamaños, materiales diversos, usos y/o significados poco conocidos o familiares que desbordan la memoria, el interés y la capacidad de decisión— deja perplejo al sujeto agente. En estas situaciones hay, seguramente, tres salidas:

1. Ante la complejidad, desorden y/o heterogeneidad de la realidad presentada, el sujeto no logra entender o totalizar la cuestión y se abruma, se cansa, se desentiende, se resigna y se retira.

2. El sujeto insiste en descifrar la complejidad, actúa como un criptólogo o un detective, descompone, clasifica, procura reordenar o sistematizar el material y encontrar un hilo conductor. Trabaja más o menos al azar o procura un método, eventualmente descubre pistas, se apoya en fantasías, en juegos de charada, supone un abecedario subyacente. Pero no supera un nivel de tanteo o probabilidad y desde luego no logra la certidumbre de una solución. Se queda en posibilidades varias y aún contradictorias, o que se excluyen recíprocamente. Algún factor subjetivo —quizá de gusto, de simpatía— decide por una o por otra salida, pero el sujeto es consciente de su elección subjetiva y emocional.

3. En este caso el sujeto lograría una comprensión "por arriba", logra afirmarse en un sentido que se da como lógico, coherente, satisfactorio y tranquilizador. El sujeto supera el mero deletreo de palabras sueltas para comprender toda la frase.

Se diría que por encima de la lectura de las palabras se accede a comprender el significado total. Esta lectura global —dadora de sentido— es ya una conducta de percepción inteligente.

La gestalt aprehendida tiene cabal sentido y se independiza del capricho, el gusto, la contingencia del sujeto. De hecho, lo comprendido tiene sentido compartible y universal. En la vida diaria, esta cabal comprensión, generalmente se evalúa por la posibilidad de una reacción o respuesta del sujeto aceptable.

Usamos la taza, es decir, de algún modo la conocemos y la acotamos. Esto no quiere decir, sin embargo que sepamos exactamente cómo o de qué está hecha, a qué estilo pertenece, de qué época es, cuál es su valor arqueológico.

De hecho, usamos y leemos fácilmente la hora de un reloj, o manejamos un auto; pero esto no requiere que seamos relojeros o mecánicos de automotores.

Este nivel-umbral de conocimiento necesario y suficiente para usar un utensilio —sin mucho más— hace el deslinde entre un campo del saber rutinario y práctico y el campo del técnico y el campo del científico.

Nunca podremos —en la medida que nos ubicamos en el nivel universitario— olvidar los cuatro básicos campos del saber: un conocimiento empírico, cotidiano; un conocimiento técnico; un saber científico y una aproximación filosófica. Esta simple distinción está lejos de ser explícita en el terreno del diseño.

La vida práctica, diaria, requiere actos o conductas también concretas. El organismo debe "totalizar", mínima pero suficientemente, cada situación presente como para acceder a darle un sentido global para estar en condiciones de actuar con una correcta proporcionalidad y equilibrio. Este tipo de conducta tiende a una síncresis entre la prueba y error y la reflexión abstracta. Una vez lograda la eficiencia tiende a fijarse en automatismos relativamente rígidos.

Una última etapa de superación llevaría a este tipo de conducta a un grado de racionalización, con metaproceso, con posibilidad de representaciones gráficas, verbales y un nivel de estilización estético y de gran interés por su codificación y expansión en didácticas.

La relación cuerpo-medio se hace estrecha y comprometida. Finalmente el hombre en su intercambio con el medio material que lo envuelve interpone un elemento mediador, el utensilio, el útil, objeto, herramienta, artefacto.

Esta etapa final, de más está decir, adquiere una relevancia histórica que deslinda totalmente al humano del animal. Se ha inaugurado la hominización, en la cual coincide el lenguaje con el utensilio, el decir con el usar, la representación oral con el manipular la herramienta.

El diagrama importa cuatro factores: cuerpo del hombre-mano-herramienta-materia del mundo. Hay un control central en la mente a través de los sentidos; un sistema contenedor de tiempo y espacio y un mundo que hace de fondo y referencia al objeto-materia. Con el tiempo serán exaltados y perfeccionados al máximo la herramienta y el control mental. La primera llegará a los sistemas de alta precisión, el segundo accederá a técnicas cibernéticas.

En la conducta diaria cuando nos ponemos el traje, atamos los cordones de los zapatos, saludamos a un conocido, escribimos en la máquina, tocamos el piano... no tenemos ni tiempo, ni paciencia para enumerar cada gesto y cada parte o partícula del objeto, no requerimos tener conciencia precisa de toda forma o detalle del objeto, ni de hacer el inventario codificado de nuestras actitudes parciales... de los dedos, la mano, los ojos, el brazo...

Apuntamos a lograr una noción económica, modesta, necesaria y suficiente de los datos relevantes del objeto y en base a este programa de mínima, ajustamos también un programa de mínima, económico, modesto, necesario pero suficiente de actividades nuestras. En esto consiste la síncresis perceptiva y el cumplimiento consecuente. El éxito o no dirá después si nuestra síncresis fue bien graduada.

La Psicología de la Gestalt —ya desde sus comienzos— ha hecho hincapié en procesos de globalización de los estímulos de modo de decidir un significado comprensivo. Se denomina "síncresis perceptiva" en tanto el proceso exige un mecanismo de percepción ocular y una amalgama de factores relativamente casuales que no buscan una percepción sintética sino que se asumen más bien como proceso de acumulación o suma básicamente libre. La teoría de la Gestalt ha desarrollado una serie de ejemplos —gráficos, estereotipos, dinámicos, sonoros, etc.— que ya son clásicos.

En las figuras, compuestas cada una por dos sectores A y B, es fácil recomponer una figura única total y de mayor pregnancia uniendo o acoplando A con B.

En la tercera figura ocho pequeños cuadrados (A) en dispersión aleatoria se pueden combinar y conjugar para reconstruir un sólo rectángulo (B) de mayor pregnancia.

La globalización obtenida no pretende dictaminar un juicio de valor estético tan sólo demuestra la tendencia del ojo-mente a lograr síncresis formales de lecturas más fáciles, fuertes, memorizables y aún expresables mejor en palabras. Se logra una optimización de la intelección. La Gestalt garantiza economía y exactitud de intelección y consecuentemente de acción.

En una actitud inversa el artista —en algunas circunstancias y épocas, también actualmente— se orienta hacia una suerte de descomposición o contragestáltica —una *rückgestalten*— con lo cual agrega factores de multivocidad, plurisemia, aleatoriedad y mayor intervención activa del propio espectador.

En definitiva el proceso de síncresis se atiene a una cuestión de eficiencia perceptiva para categorizar, denominar, conocer mejor la situación sin pretender niveles de estética o complejidad de significado. La síncresis perceptiva aparece como una operatoria en el nivel zoológico y rige la acción del hombre en un noventa por ciento de las circunstancias de su vida concreta.

Toda presencia de una pluralidad de datos atómicos puede provocar operaciones de ensamblaje diversas: sumatoria, resta, series, ritmos, alternancias, oposiciones, simetrías, figuras, pregnancia, etc. Por ejemplo, a partir de tres entidades de morfología dada pueden tentarse combinatorias casi indefinidas.

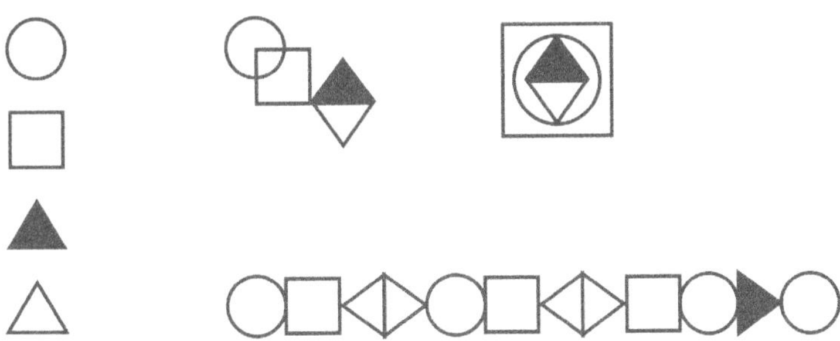

La sincresis perceptiva corrobora lo definido, en su momento, por la teoría de *La Medida Estética* de Birkhoff. Se garantiza mejor resolución, buen desglose figura-fondo, cohesión y constitución sólida, resistencia respecto de elementos exteriores de perturbación, facilidad de memorizar... en definitiva garantiza una "forma fuerte".

La gestalt opera en todos los niveles y muy notablemente en la dinámica corporal, en las conductas manuales, operaciones artesanales, rutinas y especialmente en la actividad estética. Cuando un organismo enfrenta una situación de relativa complejidad detecta ausencias, inestabilidad, confusión; los datos o factores atómicos no ensamblan bien y el resultado es una estructura débil, lábil. El espectador siente alguna incomodidad que parece solicitar su intervención. El organismo ensaya mejoras a nivel de su imaginación. A mayor inestabilidad o debilidad de la situación, mayor será la necesaria intervención que corrija o mejore.

La necesidad pone en marcha mecanismos de la imaginación constructora o gestáltica para ensayar alternativas. La aparición del factor que completa y/o cierra la situación débil tiene un carácter de iluminación repentina. El elemento faltante, el movimiento correctivo, la relación que resuelve se presenta como una alucinación perceptiva y precipita la acción práctica que soluciona.

En síntesis el algoritmo de síncresis consiste en descubrir lo que falta o falla y lo que llena, suple o resuelve. Ambos momentos de detectar la ausencia y la debida presencia se dan a nivel perceptivo, imaginativo, visual, intuitivo, casi instintivo.

El anecdotario de inventores, detectives, matemáticos, artistas es muy abundante y notablemente subraya la aparición repentina de la solución.

Un tercer nivel, la conducta de inteligencia

La sola palabra inteligencia conlleva un peso fabuloso de implicancias, opiniones y teorías.

El mecanismo de mediatización

La psicología caracteriza a la conducta inteligente como básicamente un mecanismo de mediatización, el pensar inteligente como un acto o acción detenido, incompleto y postergado.

La idea de base es oponerse al automatismo, al reflejo y también a la prueba y error. Detener la reacción inmediata de respuesta al estímulo, no probar ni ensayar prácticamente, suspender totalmente la respuesta y pasar del acto concreto al nivel de la meditación, la consideración, la especulación, el análisis de sopesar posibilidades y consecuencias, insumos y resultados, desgaste y réditos.

Una vez pensado se podría actuar.

El esquema lógico subyacente importa trasladar la reacción del plano efectivo, práctico físico o mecánico concreto al plano de la abstracción. Planteado y resuelto el problema a nivel teórico —en pensamiento, ideas, sentimientos, palabras, eventualmente algoritmos y/o modelos gráficos, esterográficos o cibernéticos— recién entonces regresar y descender a lo concreto. De ahí que la inteligencia inaugure la célebre y compleja dicotomía de práctica y teoría. El pensamiento es esencialmente teoría.

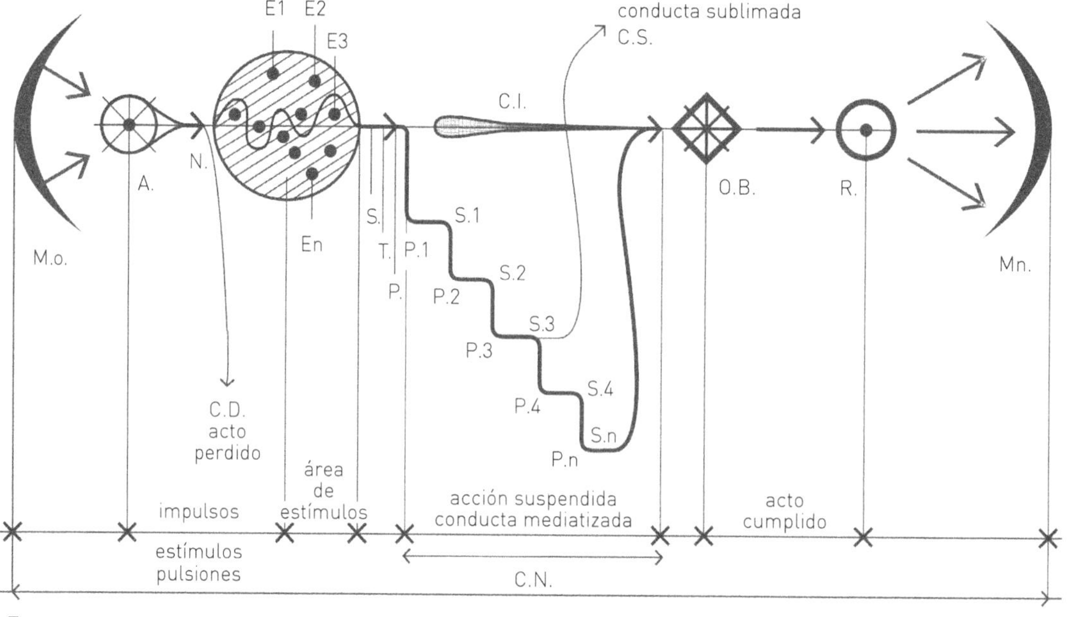

El gráfico que adjuntamos expone el derrotero posible de una acción o conducta efectiva-práctica concreta y de las alternativas o variantes de una acción mediatizada.

1. Un organismo o agente "A" que, en un momento dado siente un déficit o Necesidad "N" —por ejemplo de ejercerse como diseñador— a nivel más o menos concientizado. "A" está inserto en un mundo "M°" que es su contexto y con el cual intercambia materia y/o información.

2. La experiencia de Necesidad interna psíquica o fisiológica aumenta, como pulsión originaria, a medida que el estado de insatisfacción crece por la demora en cubrirlo. Una cadena de efectos internos polariza, el impulso de ser o de ejercerse, latente y existencial, en un impulso de hacer algo concreto, de proyectarse al exterior en la consecución de una eficiencia. Los umbrales psicofisiológicos de estimulación descienden y facilitan la reacción. Crece la tensión e intranquilidad, el nivel de libido, la sensibilidad, poco a poco toda la energía del ser se concentra en el punto débil, tema que convoca. La necesidad desborda el nivel fisiológico y se hace presente en la psiquis exigiendo o activando —enervando— a la imaginación, la memoria, la percepción... la inteligencia. La fantasía y el poder de representación elaboran modelos de estímulos operativos como pistas que guían la exploración. La pulsión de ejercerse la graficamos con un vector de izquierda a derecha.

3. El mundo provee estímulos E1, E2... En; algunos inoportunos, otros útiles. Atraen al organismo en principio y éste, tras soslayar diversos estímulos que resultan neutros o negativos, da con el estímulo oportuno y positivo, la motivación detonante EX.

4. La acción efectiva (conducta inmediata C.I.) disparada en línea recta hacia la meta posible como imaginería propuesta, se concretaría en la consecución o producción del objeto "OB" que saturará la necesidad y que llegaría a alcanzar a un organismo receptor-interlocutor "R" en un mundo "Mn".
Para que todo esto se cumpla —en la velocidad del instante— debió aparecer, como proyección de la motivación una meta. La motivación oportuna actúa a modo de índice para seleccionar, determinar y/o catalogar la respuesta dentro del repertorio de reacciones a disposición del organismo; hay en ello una tematización a nivel fisiológico o inconsciente que implica definir esa meta.
Todo ello dice una programación implícita del organismo. Pero aquí el proceso se encuadra en los límites de un comportamiento de reflejo, un automatismo, una acción instintiva o un habito o conducta inmediata (C.I.).

5. En el preciso lugar e instante, dónde y cuándo el estímulo oportuno detona la acción efectiva, se introduce ahora un factor: la inteligencia. La mente interpreta la reacción lineal y detiene en seco la acción efectiva y la suspende momentáneamente. Y ¿para qué? pues, precisamente para tomarse el tiempo necesario para actuar inteligentemente y no automáticamente: para pensar, reflexionar, calcular y ponderar riesgos y ventajas, probabilidades de éxito o fracaso, de desgaste de energía, para recordar experiencias pasadas, predecir, suponer... en una palabra

para meditar acerca de las ventajas y desventajas de la acción directa o de la acción mediatizada.

La acción en vez de seguir el derrotero horizontal de izquierda a derecha ha sido detenida y se sumerge en una contracción mental que graficamos con un vector vertical descendiente a P1.

6. En un punto dado queda suspendida la acción horizontal y allí se inicia una conducta alternativa a la suspendida. Esta acción nueva ya no es concreta y efectiva sino potencial, sustituta, virtual. Es una acción abstracta, representativa, interna, silenciosa, una acción mentalizada y que actúa en una serie de subetapas escalonadas en profundidad, P1, P2, P3... Pn.

Un primer momento de confusión y tensión ha de superarse, de lo contrario la potencialidad del impulso se desbarrancaría, en una pseudo acción desorganizada de histeria (conducta desorganizada), como el llanto de un niño cuando es interceptada su acción. Superado ese momento la mente se afirma y toma a su cargo la conducción del proceso.

7. Ahora se trata de descubrir la naturaleza y el sentido global de la necesidad de origen. Esto se denomina el momento de la "Situación" (s). En una primera aproximación nebulosa se intuye una meta, una salida, una necesidad o urgencia, que implica una situación dada del sujeto.

El momento de "Situación" representa un estadio de toma de conciencia del sentido básico de lo que está ocurriendo en su vida y de su conveniencia de suspender la acción.

El segundo paso consiste en "Tematizar" (T) la situación, lo cual implica armar un intento de descripción —quizá en una versión lingüística— o con una imagen o con una visualización mental de una noción más o menos categorizada que podría llegar más tarde a definirse como un concepto. Decidir sobre el tema o contenido de la situación.

El tercer paso es la transformación del tema en un problema (P). Como tal se inaugura una etapa focalizada hacia ese núcleo ideológico, con una conducta explorativa que procura racionalizar, concientizar y resolver.

8. Esta etapa va seguida de la intención firme de resolver el problema. La mente avanza de modo escalonado, propone soluciones, las analiza, aparecen nuevos aspectos, otros problemas, se vuelve a proponer salidas tentativas y parciales, vuelven a aparecer aspectos nuevos, se prueba, se avanza, se profundiza: cada subproblema implica una subsolución que, a su vez trae un nuevo subproblema. En el gráfico indicamos subproblemas P1, P2, P3, P4... Pn y subsoluciones, s1, s2, s3, s4... sn.

Por fin llega un momento cuando se totaliza una solución para el conjunto del problema sn para Pn. Esta solución es propuesta por la mente y puesta a disposición de la acción efectiva. La conducta inteligente suspende, paraliza la acción de una conducta de reacción automática o irreflexiva, pone tiempo para mediatizar la acción y sigue el curso del problema pero en un plano de ideas, de abstracción y de imaginación que simula una acción efectiva.

El acto inteligente es una conducta parabólica e inconclusa en sí, no es un fin en sí sino un medio. Es un mecanismo de retardo para tomarse tiempo y meditar los pro y los contras de la acción posterior y efectiva. Recién cumplida esta reflexión, tomadas las resoluciones en abstracto, se llevan a la práctica.

Los momentos P_1S_1, P_2S_2, P_3S_3, P_4S_4, P_5S_5... tienen también —y según los casos— diferente significación psíquica. Un esquema básico podría dar a estos momentos sucesivamente los siguientes contenidos: búsqueda de una idea o modelo ideal, conceptualización, imaginación, percepción. También podría ser el modelo: racionalización, examen de la experiencia y percepción —verbalización— graficación del modelo.

En síntesis el gráfico explícita lo que ha hecho la inteligencia: ha suspendido la acción efectiva directa por un tiempo de reflexión. En ese tiempo se han ponderado estrategias, modos, posibilidades y una vez llegado a una conclusión se retoma la vía de la acción.

Tan simple y obvio como parece el esquema, resulta de inapreciable valor heurístico. Toda la cultura del hombre y su paso adelante zoológico se basa en este modelo y muy poco más.

La conducta inteligente se puede caracterizar y definir a través de una serie bien precisa de pautas o momentos metodológicos. Se han propuesto muchos modelos. Damos a continuación un esquema:

1. SUSPENSIÓN DE LA ACCIÓN

Se detiene la acción o reacción efectiva inmediata; se suspende todo reflejo, automatismo, instinto, inclinación de simpatía o rechazo, incluso la prueba y error y el hábito. Se "pone tiempo", se mediatiza, se detiene toda respuesta para evaluar la situación, planificar un cronograma, suponer alternativas.

2. INTERNALIZAR LA ACCIÓN

La acción efectiva suspendida no significa la pasividad o negación; al contrario se inicia una intensa tarea de meditación, evaluación internalizada para delinear una acción teórica como modelo sustitutivo.

El pensar detiene la acción-reacción abierta para pensar bien y resolver *in abstracto* e imaginativamente el proceder a adoptar.

3. CAJA BLANCA TRANSPARENTE

El ideal será llevar a cabo una cadena de acciones mentales en diversos planos —memoria, imaginación, abstracción, actos gráficos e incluso lógico-matemáticos, intercambio dialógico, juego alternativo con distintos códigos— para lograr una visualización de un modelo o de varias estratégicas posibles.

4. SITUACIÓN Y TEMATIZACIÓN

El agente procura comprender, aprehender bien la situación real total, el asunto, el meollo a resolver, el contexto, el destinatario, los riesgos, costos, réditos, antecedentes o experiencias previas.

5. PROBLEMATIZACIÓN

El tema definido se toma ahora como "problema" a resolver, como expresa cuestión no resuelta. Se conceptualiza el asunto en términos verbales que deben ser lo más estricto posibles, ordenados, numerados, secuenciales.

6. PROGRAMACIÓN

Se define lo que debe ser hecho, lo que se sabe y se tiene, lo que se ignora y se busca. Se proponen hipótesis, se definen objetivos, tiempos, recursos, políticas. Se procura una diagramación de la acción ordenada, jerarquizada, etapas y evaluaciones parciales.

7. TEORÍA DE DECISIONES Y MODELO

Como resultado de la metodología de compulsa se define una tesis de trabajo, un modelo tentativo, el cual puede ser armado a nivel lingüístico, lógico-matemático, gráfico, estereométrico, según convenga.

8. CONSTRUCCIÓN

Se regresa, con ese modelo, o la acción efectiva, a la construcción en escala natural, en material y confeccionando un prototipo.

9. EVALUACIÓN Y LEGISLACIÓN

El modelo se ratifica o rectifica, se evalúa el funcionamiento, la economía. Se retroalimenta el programa de base, se verifican puntos de partida y desarrollos. Se generaliza en una eventual teoría y abstracción y estructuralmente se extrae y define una legalidad.

La conducta inteligente ha inaugurado dos mecanismos de enorme rédito: la mediatización y la palabra como tiempos de reflexión y de autoexplicitación.

Resumiendo, el acto inteligente se caracteriza por una línea de continuidad, sucesión y coherencia de pasos que, poco a poco, metódicamente van cumpliendo una auténtica estrategia de pinzamiento.

La intuición subyacente es que el proceso sea un mecanismo perfecto programado, que se cumple al pie de la letra y que, en consecuencia, debe arribar a un sólo resultado eficiente.

Así concebido el acto inteligente se cumple cabalmente en los procesos técnico-científicos, como lo evidenciarán las sorprendentes realizaciones de los Sputnik. Pero la teoría-práctica del diseño no pretende, ni parece deber pretender, tal nivel de estrategia. Esta afirmación puede ser rebatida o por lo menos debatida, no cabe duda.

Sin embargo, hasta ahora, la complejidad humana psicológico-social-histórica, implícita en todo planteo de diseño, demuestra la necesidad —fundacional— de grandes cuotas de aleatoriedad, invención, variedad... libertad o innovación, en el acto del diseño.

Resumiendo pues, el acto de diseño comprendería una secuencia de momentos:
1. Detención de la acción.
2. Apercepción de la situación y del yo, internalizar la acción.
3. Momentos de reflexión y recopilación para definir la caja transparente
4. Tematización, definir de qué se trata, fines, medios, políticas, sentidos, historias.
5. Problematizacion, definir el contenido básico del asunto.

6. Programación, visualizar y diagramar una estrategia.
7. Revisión de alternativas e hipótesis y toma de decisiones.
8. Definición progresivamente detallada y acabada de un modelo de propuesta, planificación de la acción.
9. Realización en escala.
10. Evaluación, generalización, metaproceso.

Es fundamental insistir en los supuestos básicos que sustentan el programa. Ellos son: la adecuada y acertada utilización de un lenguaje progresivamente técnico o codificado y algorítmico; la modelización y representación simbólica; la conceptualización en procesos de abstracción; la representación imaginativa en técnicas o métodos adecuados; la modelización, o sea, la asunción de un sentido de espectador y juez por parte del propio diseñador respecto de sí mismo.

o8. El gráfico de la ameba

" ... sorprender la operación en virtud de la cual aparece el pensamiento"
ANTONIN ARTAUD

A la altura de los acontecimientos del saber occidental-científico y del escepticismo de la filosofía nuestra o heredada de Europa quizá sea oportuno tentar otro camino.

Haremos una ameba, insertaremos palabras o vocablos, que ya mucho de su definición han perdido y tentaremos un comienzo radical.

En el marco de una reflexión sobre la inteligencia aparece el repertorio de un sinnúmero de vocablos que lejos de aportar precisión o riqueza introducen una polisemia bastante farragosa y que pide urgente orden. Hay muchas repeticiones, intersecciones, superposiciones y puntos de vista que permiten al psicólogo armar criterios personales relativamente arbitrarios.

1. Pensamiento, inteligencia, comprensión, conocimiento, razonamiento, entendimiento, saber, pensamiento dialéctico, palabra-habla-discurso, ideación, con ciencia, conceptualización.

2. Reflejos, tropismos, nastias, instintos, automatismos, reacción-física, prueba y error, aprendizaje, enseñanza, copia, síncresis perceptiva

3. Percepción, memoria, imaginación, inteligencia, inducción, deducción, intuición, sentimiento, sensibilidad, emocionalidad, voluntad, hacer-acción, operación, interacción, abducción, concreción, descubrimiento, invención, creación, apercepción, deseo, pulsión, demanda, necesidad, impulso.

4. Representación, duplicación, replica, simulación, simulacro, mímesis, imitación, invención, creación.

La Ameba es un modelo que tiene cuatro factores:

1. EL CUERPO O CAMPO SÉMICO O DEL ASUNTO

Este cuerpo es movedizo, indeterminado, crece, se mueve, se concentra, lanza... tiene superposiciones, etc.

2. EL CUERPO TIENE LÍMITES

Éstos no son precisos ni estabilizados pero, de alguna manera, dibujan un lleno sobre un vacío, una masa compacta, dinámica pero densa sobre un fondo.

3. UNA VACUOLA

o espacio neutro, a ocupar, en el centro de la ameba y que sería resuelta por la "esencia" del tema o asunto.

4. UN FONDO NEUTRO

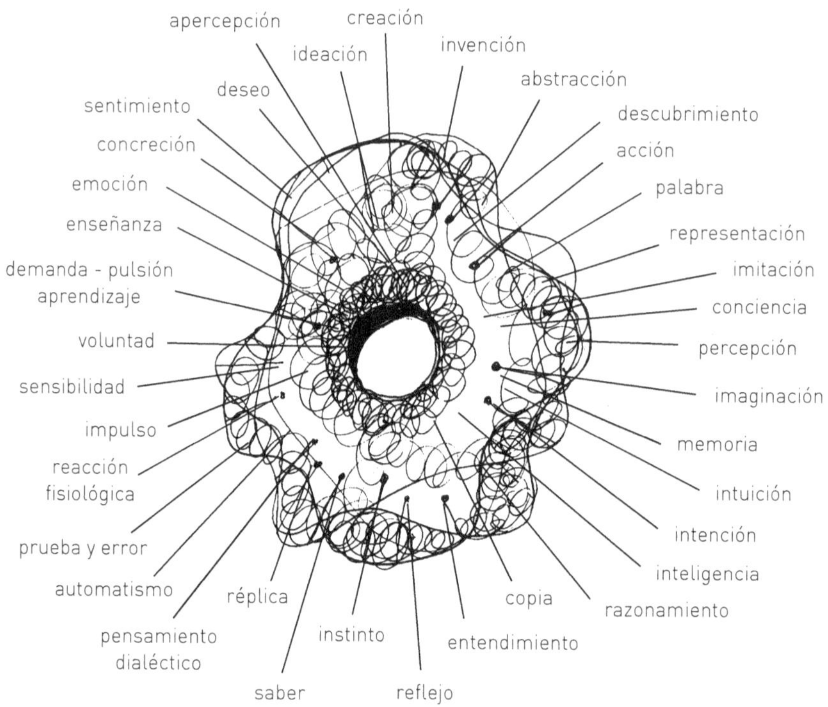

La idea es que cada área, campo o cuerpo de significación adherida o convergente a una idea temática esencial puede representarse con esta forma ameboidal. Sea el área de la industria eléctrica, de la vida privada familiar, del arte pictórico occidental, del tema científico de los fenómenos cromáticos... se puede presentar o graficar con una Ameba. Una Ameba es como una asignatura, una disciplina, una teoría o una propuesta natural o humano-social.

Lo que se busca es congregar en la Ameba nociones afines o pertinentes a una temática, y evidenciar el registro de vocablos pertinentes. De ese modo, ese registro permitirá encontrar jerarquías y subregiones de subsistemas y construir a partir de la Ameba un cuadro de coherencia lógico-geométrico.

De una Ameba —como registro desordenado y amorfo— se pasará en un proceso lógico a un cuerpo geométrico, eventualmente un poliedro en el tiempo (por ejemplo un cubo), definido por conceptos relativos y jerarquizados y tal que se pueden representar por una forma geométrica espacial.

La ameba

Como punto de arranque de un pensamiento heurístico y planteo del tema de la "Ameba", tomaremos allí, cuando y donde el sistema totalizador de Hegel da culminación a la extensa y densa tradición de la filosofía clásica occidental. Occidente heredó su cultura —su arte, su ciencia, su filosofía— de la profunda meditación helénica.

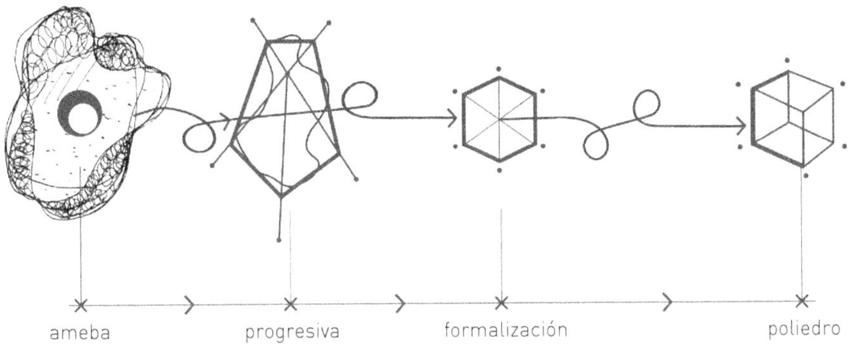

Siete siglos, desde Thales de Mileto —por no remontar a Hesíodo— la herencia se prodiga hasta Marco Aurelio ininterrumpidamente. Superados luego los tiempos del desconcierto escolástico medieval, la estupenda tradición se retoma en el siglo xv, crece hasta Kant y culmina en Hegel.

Si éste fuera un hito emblemático, el bagaje de veinticinco siglos de pensamiento filosófico se sintetiza en una serie de fórmulas canónicas. Como modelo de nuestra tesis podemos adoptar como punto de partida la fórmula triádica: concepto, objeto y feñómeno. A partir de esta hipótesis hegeliana quedaron abiertas dos alternativas: del Positivismo y de los "Cuatro Apocalípticos".

Una rama, del Positivismo con sus derivaciones científico-tecnológicas y otra rama que también llamaremos de "la Sospecha" con propuestas disímiles entre sí pero todas contrastadas con el Positivismo e iniciando la apertura que, con el tiempo, se identificará —mejor o peor— con el así llamado Posmodernismo.

A. Denotaremos ese instante crucial de la meditación europea con un modelo triangular subtendido entre los vértices de la *racionalidad*, la *idealidad* y la *dialéctica*. Tal en definitiva sería el mensaje de Hegel: fenómeno-objeto-concepto.

A partir de este hito supondremos una natural bifurcación del campo filosófico en sentidos contrapuestos: una rama, del Positivismo, con sus derivaciones científico-tecnológicas y otra rama que llamaremos de "la Sospecha", con propuestas disímiles entre sí pero todas contrastadas con el Positivismo y que representan el apotegma en el cual el Posmodernismo se identifica.

B. DEL POSITIVISMO

En cifras redondas nos situamos en 1850. El Positivismo encarna el programa de Comte. Si insistiéramos en la metáfora de las figuras de geometría, representaríamos dicha tendencia con un exágono en cuyos seis vértices puntualizaríamos a:

1. Racionalismo, fe en la razón, ciencia positiva.

2. Conocimiento objetivo, negación del sujeto singular.

3. Conocimiento abstracto, atemporal, absoluto.

4. Empiria, apoyo en la Realidad, pragmatismo, método experimental, utilitarismo, funcionalismo, tecnocracia.

5. Logicismo, coherencia interna, verdad.

6. Ética y proyección social.

Complementaríamos con: materialismo, la realidad concreta y física; sensualismo, los datos; empirismo y pragmatismo, el experimento y la técnica; escepticismo, duda ante las grandes construcciones de sistemas ideológicos y metafísica. Una doctrina del saber, una normativa social, una ética social. El orden, el progreso, el trabajo, La cooperación pero también el mercado.

B.1. Sabido es, cómo el programa es asumido y desarrollado por los sucesores: Stuart Mill, Spencer, Avenarius, Mach, Bolzano... finalmente Brentano, Meinong, Helmholz... Sucesivamente el programa se hace más y más complejo y el exágono agrega hitos que lo perfeccionan.

Se completa, se enriquece y también adquiere ductilidad: la noción de evolución del fenómeno, el método inductivo, nuevos aspectos lógico-psicológicos, la problemática de la experiencia, la introducción del tema de los lenguajes... finalmente la apertura intencional y la teoría de los objetos.

El mapa del Positivismo queda dibujado.

B.2. En su momento hará su aparición un hecho notable. Ya entrado el siglo xx, y por conducto de mentes privilegiadas, el programa de fe en una ciencia absoluta sufrirá progresivas tentaciones, desilusiones y rupturas. El magno edificio de la ciencia positiva entra en "deconstrucción". Es lo que llamaríamos un estado de turbulencia. El vector horizontal rígido e inflexible que representaba a esa mentalidad titubea y, sin abandonar su sentido ni dirección, continúa su marcha en estados de turbulencias.

B.3. Esta indecisión será compensada con un vector paralelo asumido por un natural sucesor o heredero de la ciencia y que será la tecnología. Ese vector será reforzado, en su momento, por las novísimas tecnologías de la informática, la inteligencia artificial... etc. Y estamos en el presente y futuro.

C. LA CESURA Y SOSPECHA

Regresamos a 1850.

Ahora y aquí debemos retomar la herencia de Hegel. Otro camino, paralelo al Positivismo, pero con otro signo y contrastado abiertamente con éste.

Una nueva metáfora, un cuadrado para denotar la entrada en la escena de un famoso cuarteto apocalíptico. Nos referimos a Nietzsche, Kierkegaard, Schopenhauer y Marx. Los cuatro héroes de la mitología nueva fueron discípulos —tácitos o expresos— de Hegel; pero los cuatro rompen con él, es el acto de la "cesura" Dan la espalda, toman distancia y escriben el nuevo testamento-programa de la irreverencia.

Si el Positivismo decía "sí", los apocalípticos dirán "no". El programa es mucho más complejo, menos cotidiano o natural, más contestatario y hasta revulsivo. Por cierto, el hecho de agruparlos, no implica desconocer que sus mensajes y temarios no son estrictamente paralelos, son en verdad, muchas veces contrapuestos... pero su sentido respecto de la tradición filosófica oficial es semejante: la rebeldía. Duda respecto de la razón omnipotente, del progreso asegurado por la ciencia, de las viejas tablas de valores, sospechas frente al sistema cerrado, frente a los magnos discursos, denuncia de la mistificación cristiana, de la cultura de clases.

Algunas notas: la razón no ha resuelto el problema de la existencia, reposicionamiento del sujeto protagónico, del hombre en su individualidad, concreta y singular, afirmación del sentido de su voluntad de ser, su libertad de pensar, su derecho a la vida, el hombre debe elegirse porque el hombre es mucho más que un animal que piensa, reivindicación de la dinámica del fragmento, encuentro con los niveles oscuros del inconsciente, el sentido de la existencia, denuncia de las falacias de la moneda, del mercado, postulación de la lucha de clases, del sentido vital... la muerte de dios, el superhombre... se avisora el posmodernismo.

C.1. A partir de tal programa, todo a lo largo de esas décadas, el mensaje será recogido y reinterpretado por una serie notable de poetas, pintores, hombres de teatro. Enumeraríamos: Strindberg, Büchner, Mallarmé, Kafka, Antonin Artaud, Jarry, Dostoievski, Tolstoi, Chejov, los pintores expresionistas a partir de Van Gogh, etc., etc.

C.2. LOS SISTEMAS DE 1900 A 1950

Abrimos un nuevo ciclo. Entre aquellas fechas, en cifras redondas, la modernidad hace un último y fabuloso esfuerzo de sistematizar y repensar la cultura y la realidad natural y humana. Una excepcional serie de propuestas de gran espíritu de novedad, totalización y profundo sentido de hermenéutica se despliega. Haremos una cerrada enumeración.

Quizá la demostración de mayor energía intelectual venga dada por las nuevas psicologías que toman distancia frente a la Psicología Experimental. Así: la Psicología de la Persona, de la Conducta, de la forma-Gestalt, y muy en especial, la eclosión del Psicoanálisis en sus variadas corrientes.

La serie se continúa: Bergson, la Fenomenología de Husserl, Sartre, Merleau-Ponty, la Filosofía de la Existencia, Heidegger, Jaspers, la Epistemología genética de Piaget, el Estructuralismo de Lévi-Strauss, el Neopositivismo lógico y Wittgenstein, el Círculo de Viena, la Semiótica de Peirce, la Lingüística, la Teoría de las Formas Simbólicas de Cassirer, la Teoría del Campo de Lewin, la Teoría de los Sistemas de von Berthalanfy, la Sinergia, las Metodologías del diseño, la Biología vitalista de Driesch y von Uexkull, la Topología, Informática, Ekística... *(En el gráfico están indicados como c2).*

C.3 Y C.4. LA POSMODERNIDAD

En las décadas del 60-70-80 hace su entrada en escena una segunda serie de pensadores —como una generación de posguerra— que, desde campos y puntos de vista muy diversos, va a proveer a la plasmación de lo que se habrá de denominarse con mayor o menor acierto, el Posmodernismo. Lábil, complejo, huidizo a veces, heterogéneo, inasible, contestatario.

Tales serán, entre otros: Ricoeur, Morin, Barthes, Cioran, Lyotard, Derrida, Deleuze, Feyerabend, Kuhn, Popper, Prigogine, Vattimo, Guattari, Baudrillard... los fundadores de Frankfurt.

No es nuestra incumbencia entrar en la polémica —por otra parte un tanto irrelevante o menuda— ni detenernos en la exacta datación del Posmodernismo. A los efectos de nuestra presentación esquemática, dibujaremos a estos pensadores conformando una serie paralela a la anterior en el gráfico, indicándola con una c3. Esta serie de filósofos y/o científicos, de hecho, desemboca en la versión contemporánea de la Hermenéutica. Con ello estamos de lleno en el Posmodernismo; lo signaremos en el gráfico con la forma amorfa de una "ameba", con lo cual intentamos denotar su específica condición de inestabilidad, dinámica interna, inestructura, labilidad palpitante.

De todos modos dentro de ese estado ameboidal deben señalarse puntos relativamente resistentes, duros de repetitividad y constancia que permiten, de algún modo, caracterizar la misma fluencia. *(En el gráfico lo indicamos como c4).* Señalemos algunos de esos centros de constancia. En primer lugar —siguiendo con la inclinación metafórico-gráfica— dibujaremos dentro de la "ameba" una vacuola para adrede inscribir en ella la presencia tutelar de los cuatro apocalípticos de 1850. Un punto sólido, dentro de la difusa masa, será un centro de muy fuerte antirracionalismo, duda y rechazo de la pretendida supremacía y omnipotencia del saber científico, de un saber absoluto. Un punto también indiscutido es la sospecha de todo fundamentalismo, a los magnos discursos omnicomprensivos, un acentuado nihilismo y escepticismo respecto de la efectividad de la razón, de la tradición metafísica del Humanismo, de toda la ideología del Modernismo, relativización del historicismo, reconocimiento de una humanidad sin historia y del discurso de los "vencedores".

En tercer lugar la denuncia de la sociedad "caníbal", de la hipocresía de la globalización, del mercado neocolonial del blanco dominante, con una crítica de la obsesión por la novedad como valor en sí, del cambio, del progreso, de todo espíritu de conformismo, derecho del más fuerte, del valor del éxito y simétricamente tendencia hacia el "pensamiento débil", relativización de toda verdad... "pensamiento a media luz"...

Otro lugar de relevancia será reservado al Sujeto como centro de toda meditación, subordinación del objeto y revaloración de la intersubjetividad.

El texto, como el objeto básico del lenguaje, como privilegiado sistema de mensaje y todo lo que hace al tema, configura otro campo de grave preocupación. A partir de la radical incomunicación social, ocultamiento implícito de todo discurso, artificial fragmentación que impone el lenguaje a la realidad, consustancial e ineludible anfibología, banalidad y mala conciencia de la palabra se sigue la necesidad de rever todo el campo de la comunicación humana a partir de una ética renovadora. Se sigue de estos fundamentales planteos críticos una revisión del papel del arte, en general, y de la didáctica en particular.

Dos temas íntimamente ligados y que solamente mencionaremos: el tema-problema de la "deconstrucción" —término y concepto generalmente tocado desde una aproximación superficial externa— y el otro gran problema de la "Complejidad", los nuevos valores que asume la ciencia: orden/ desorden; azar/necesidad; totalidad/ fragmento; novedad/duplicación; movilidad/eterno retorno, etc., etc.

La implicación de nuevas disciplinas o capítulos epistemológicos y operativos: la

Teoría de las Catástrofes, la Heurística, la Inteligencia Artificial, las Ciencias de la Cognición, etc., etc. Citemos también el rubro —quizá el más notorio y abierto por este pensamiento débil— de la Hermenéutica: el mundo como sistema de signos, la búsqueda de sentido y el comprender como superación del conocer; la interpretación abierta de los textos mundanales; la abierta incertidumbre y la ética de la comunicación.

Quedan enunciadas —en apretado listado— los momentos claves históricos del desarrollo del pensamiento posmoderno, tomando como punto de partida la síntesis hegeliana.

Quedan tiradas las dos líneas de decurso, del "Positivismo" y sus avatares que desembocan en la Tecnología abierta al próximo milenio y de la "Sospecha" como derrotero de un pensamiento contestatario, indócil, incierto y mutable y cuyo principal aporte será, sin duda, desdibujar los duros límites que separaban a la Ciencia —como razonamiento serio y privilegiado— de las multiformes áreas de la Poética, el Arte y, en general, las así llamadas "humanidades".

Las formas de la forma

En el esquema del "Positivismo-Sospecha" que hemos propuesto como base de trabajo correspondería ahora ubicar la noción de Forma.

Lo que deseamos poner en claro es que esta noción polifacética y de sentido insondable se ubica-reubica diferencialmente sobre la trama de los momentos históricos

Una será la noción de "forma" para un planteo positivista, otra para un enfoque, por ejemplo, vitalista o gestáltico o estructuralista o psicoanalítico. Las diferencias, enfoques y matices serán muy distintos para un posmoderno de "pensamiento débil" que para un tecnólogo; para un poeta, como Artaud o Kafka y muy otra para un semiótico tipo Cassirer o Peirce. En este sentido lo primero que debiera hacerse es procurar introducir un poco de orden terminológico. En efecto, la Morfología tiene al respecto mucho que trabajar con rigor. El término "forma" se puede decir dentro de un gran espectro de matices y esto introduce mucha confusión.

Repasemos: forma-figura-*eidos-morphé*-conformación-configuración-forma local-forma propia-silueta-perímetro-imago-gestalt-organismo-estructura-ente-mónada-objeto-cosa-evento-acontecimiento-acaecer-unidad-término-entidad-perfil... por cierto algunos de estos vocablos tienen mayor definición; pero, en la práctica, en el uso profesional y académico su empleo es muy indiscriminado. En lo que sigue deseamos describir —con la mayor brevedad y claridad posible— algunas precisiones al respecto.

1. Comencemos por cuatro nociones básicas: conformación, configuración, forma propia y forma local. Muy usadas en todo proceso de diseño su deslinde aporta precisión al discurso.

• CONFORMACIÓN: designa la disposición del material (átomos) de un cuerpo o sólido concreto y singular en el espacio, prescindiendo del sujeto observador. Se trata pues de la distribución de la materia en el espacio real tridimensional. Esta "forma" no se ve, no se percibe, pues no hay ojo; hay sí una mente y una definición posible matemática.

• CONFIGURACIÓN: designamos así a la distribución de esa materialidad en el espacio definida a partir de un punto "hipotético" de vista. La configuración es la parte hipotéticamente visible de una conformación, (el resto quedaría invisible u oculto, la espalda o el dorso). Pero téngase en cuenta que hablamos de un punto de vista geométrico no material, un punto de vista, no un ojo biológico.

• FORMA PROPIA: es la "conformación" de un objeto concreto asumido por la mente de un posible observador, forma pensada.

• FORMA LOCAL: es la "configuración" efectivamente percibida por el ojo de un observador en un instante y punto de vista.

Un ejemplo, sea el caso de un cono de madera. Su "conformación" es el volumen "cónico" de materia en el espacio en tanto modelo geométrico, prescindiendo de todo observador. Su "forma propia" es la idea-imagen del cono que concibe-reconstruye una mente —aún sin ver efectivamente al cono— es la noción geométrica en la conciencia. La "configuración" es el espacio o figura que brinda el cono según su ubicación espacial y para un hipotético observador, en este caso hay cuatro configuraciones básicas: un triángulo, el círculo de la base, el círculo con el vértice y las infinitas posiciones en perspectiva. La "forma local" es cada una de esas visiones del cono para un observador efectivo y según su punto de mira.

Es evidente que un diseñador comienza por imaginar una forma propia... luego dibuja una, varias o muchas formas locales en el papel... después construye una "conformación" conjugando en un todo la cantidad necesaria y suficiente de "configuraciones" posibles. Con estas simples precisiones sería deseable reescribir toda la historia del arte, pues cada época o estilo estético ha dado intervención o preponderancia a una de esas acepciones. Piénsese en el modo de usar las formas por el Clasicismo, el Futurismo o el Cubismo.

2. Lo propio ocurre con la dupla fundamental —y desde la tradición platónica de las notables nociones de *eidos* y *morphé*—, que para nuestro idiolecto se equipararían muy próximamente a FORMA PROPIA y FORMA LOCAL: forma pensada y forma vista.

3. Otra aproximación a una teoría morfológica sería distinguir grandes subáreas.

• LAS FORMAS FÍSICAS: minerales, meteorológicas, geográficas.

• LAS FORMAS BIOLÓGICAS: incluyendo toda la temática de las tipologías (especie, género, orden, clase... fenotipo-genotipo) y procesos de metamorfosis, crecimiento, adaptación deformación...

• LAS FORMAS PSICOLÓGICAS: incluyendo tipologías, sistemática de la personalidad, comportamiento, inconsciente... modos de la percepción.

• LAS FORMAS DE LA CULTURA: entendiendo bajo este rubro la sistematización de las Formas Simbólicas de Ernst Cassirer, como grandes áreas de la actividad social nucleadas alrededor de nodos o puntos de vista y de metodización de los productos sociales: poética, religión, filosofía, ciencia, arte, música, derecho y legislación, mito, historia, tecnología, industria, trabajo, costumbres y ordenación de la familia, pedagogía, ética, guerra, lenguaje, orden económico, lógico-matemática... cada una de estas áreas tiene su propio sistema morfológico.

4. Existen numerosas posibilidades de armar díadas, ternas, cuaternas... de nociones que arman estructuras morfológicas. Algunos modelos son de utilidad:

• Entropía-negentropía.

• Formas icásticas (de economía integral) y formas retóricas (de redundancia).

• La oposición entre formas geometrizantes, abstractas, altamente legalizadas por normas matemáticas y las formas bio-psicológicas, metamórficas, fluyentes, de crecimiento y decadencia, concretas... que requieren matemáticas complejas, ordenación topológica y pueden depender de procesos, de desarrollos de "acuerdo a planes"...

• En parecido sentido se suele enfrentar —especialmente el área estética— a modos de formalismo o informalismo, jugando con los valores de la silueta, la estructura interna, el arabesco, la gestalt.

• También podemos analizar la formalidad-informalidad en función de la tipología de los objetos:

– Formas en los objetos de función útil o herramientas (objetos alpha).

– En los objetos o estructuras habitables, casas, arquitecturas (objetos beta).

– En los objetos estéticos específicos, de arte (objetos gamma).

– En los objetos de comunicación específica (objetos delta).

– En los objetos de mántica (objetos phi).

– En los objetos o entidades naturales, minerales o biológicos (objetos omega).
En los objetos de conjunto o totalidades, equipos, escenas, paisajes (objetos pi).

– En los objetos fragmentos, piezas o miembros (objetos ómicron).

– En los objetos de transformación o metamorfosis (objetos tau).

– En los objetos de tipo experimental (objetos épsilon).

5. Otro punto de abordaje a la noción de forma —quizá el más interesante y actual— será hacer el estudio de morfogénesis y metamorfosis.

El análisis de la generación de formas según leyes matemático-lógicas, perceptivas, sémicas, sistemas mecánicos (máquinas matemáticas...) y desarrollos de automatismos, materialidad o estética, rutinas, duplicación, luz, etc., etc.

El análisis de procesos de generación, desarrollo, crecimiento, maduración, reproducción y decadencia y/o transmutación... en química y biología es, desde luego, un capítulo muy estudiado y de enorme interés para el diseñador.

En síntesis, este tópico podría encararse entre la siguiente dialéctica: morfosis-metamorfosis-morfosis. Con lo cual estaríamos siguiendo un derrotero puntuado por instancias de "detención-cambio-detención".

El proyecto y la Forma

"proyectar una forma formalizar un proyecto"

1. El tema es nuestro tema.El gran problema de la teoría-didáctica de una escuela de diseño.Retomamos aquí los apotegmas del comienzo. Habría en principio, varios puntos y vectores de abordaje. Quizá el enfoque básico sea encarar, con

gran rigor, esta alternativa: ¿se trata de "proyectar una forma" o de "formalizar un proyecto"? Una vez superada la sospecha de que no se trata simplemente de un juego de palabras... podemos sumirnos en la reflexión.

En principio esta antinomia se puede interpretar de la siguiente manera: ¿la forma está en el mundo y nos viene dada en la disposición natural de las entidades atómicas (colores, movimientos, tiempos...) o la forma la impone el sujeto como necesidad de legalizar a la materia mundanal inerte y asumirla como tal?

La disyuntiva no es nueva, de hecho recorre todo a lo largo de la columna vertebral de la meditación histórico-filosófica. No es pues nuestra pretensión debatirla; solo deseamos advertir al morfólogo. Pero sí podemos y debemos hacer hincapié en ella para proponer que la didáctica tenga muy en cuenta el asunto.

¿No sería el caso de iniciar la didáctica morfológica desde el punto de partida de la Realidad, de lo que ella pareciera ingenuamente o "naturalmente" proponernos... y en segundo momento revertir el proceso e indagar —cualitativa y cuantitativamente— la salida intencional del sujeto? El tema parece obvio, pero no lo es. Oculta, entre los pliegues de su vocabulario, todo un cuestionamiento que hace directamente a la didáctica.

¿Se tiene en cuenta normalmente este dilema en la didáctica del proyecto?

Mi respuesta personal —arriesgo— es que de ninguna manera se plantea con plena conciencia. Vislumbro pues aquí un primer (¡notable!) aporte de la Morfología a la tesis pragmática de una escuela de diseño.

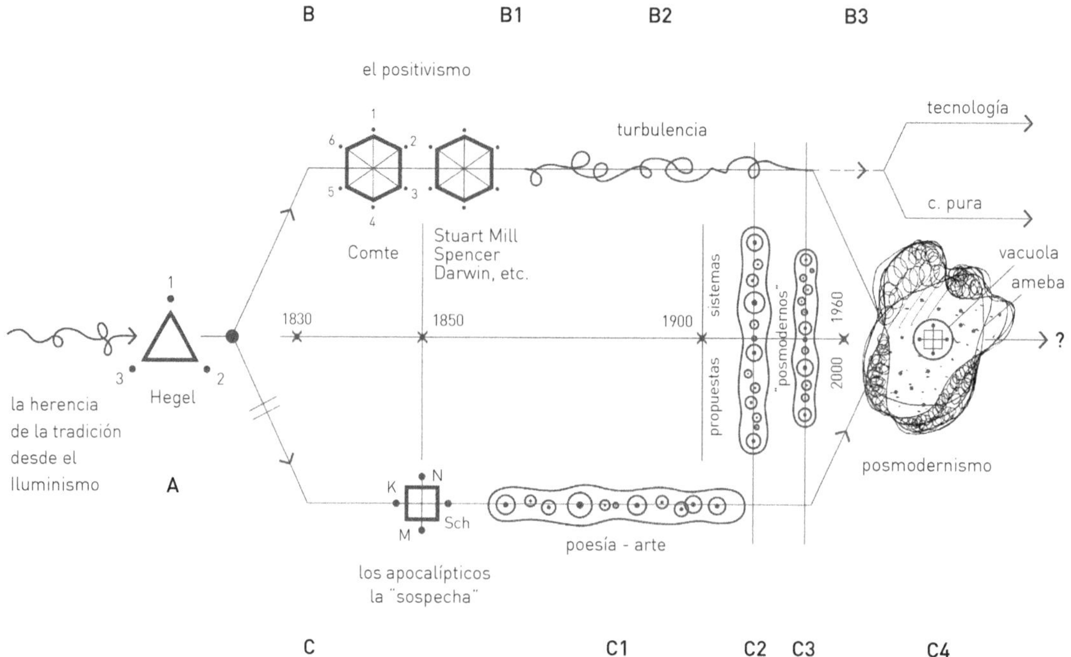

2. Creo que otro punto que la Morfología puede acercar a la práctica del proyecto y de gran rédito es retomar la dupla que instaura la lingüística entre las nociones de Categorema y Sincategorema. Si en el primer término entendemos tratar con sustantivos y verbos básicamente, en el segundo trataríamos con palabras de nexo. Sustantivos (entidades-mónadas), verbos (entidades procesuales) y nexos (entidades de relación); esta triple clasificación (que, por supuesto puede discutirse teóricamente) inicia una búsqueda interesante a la dinámica heurística del acto del diseño.

También proponemos este esquema como programa tentativo de un diseño.

Formas "sustantivas", formas "procesuales" y formas "nexos" o de articulación.

3. Para cerrar —provisoriamente— el tema, volvamos a aquello de "proyectar es construir una forma". Queremos simplemente y sinceramente preguntar a quienes diseñan y/o enseñan a diseñar si ven otra alternativa de objetivo y finalidad en la propuesta del diseño que el de "construir una forma".

Cualquier otra respuesta a una demanda de diseño remite, en último término a la misma respuesta.

Si contestáramos con, por ejemplo: proyectar es cumplir con una función... o proyectar es satisfacer un programa o una demanda... o proyectar es concretar una idea y etc, etc. Estaríamos diciendo siempre lo mismo: "proyectar es construir una forma". El Proyecto es —en última y sola instancia— *una forma* y como tal es cumplir un acto de morfología.

4. También la dupla Proyecto-Morfología señalan una indisoluble unidad. Proyecto y Forma son dos modos de decir lo mismo. La sola diferencia podría radicar en suponer en el término "Proyecto" una instancia de operación, acción, momento de cambio, mutación, pasaje del ser al acto y al ser, de lo ideado a lo concreto, de lo supuesto a lo puesto; en el término de "Forma" quedaría mejor expresada la instancia de firmeza, de estabilidad, de definición, de estación en tanto algo está en situación, algo está dado como figura fijada e inmovilizada aunque sea en el instante del presente.

Esto también puede ser de enorme interés para la didáctica en tanto introduce momentos de situación y momentos de mutación que debe saber manejar y administrar económicamente el diseñador, así también el usuario —habitante del hecho— cosa diseñada.

09. Seis términos

Conocimiento, entendimiento, inteligencia, pensamiento, razón, saber.

Insistimos en la denuncia ya hecha de la indeterminación y confusión terminológica y del perjuicio que esto conlleva para un estudio coherente y serio.

La polimorfia —con el uso de términos de origen griego, romano y de otras procedencias— no permite saber con aceptable exactitud de qué estamos hablando o qué pretendemos decir cuando empleamos ese vocabulario. El asunto no es meramente formal sino que implica lograr un mínimo necesario y aceptable de precisión en cuanto a las áreas de incumbencia o referencia de cada vocablo. No es lo mismo conocimiento, que saber o sabiduría. Los términos no sólo tienen áreas de implicancia distintos y matices o enfoques distintos, tienen amplitudes muy variadas e historias y cronologías propias.

Muchos autores y textos tienen preferencias por ciertos términos, tienen sus propias clasificaciones en intensidad y extensión de sentido. Los términos no sólo traen sus propias historias, sino que también sufren a lo largo del tiempo momentos de auge y momentos donde parecen envejecer o caer en el olvido. El término "entendimiento", por ejemplo, hoy día ha perdido en gran medida vigencia o actualidad.

El vocabulario de Aristóteles dista mucho del de Kant o del de Bertrand Russell. Por otra parte, hay autores que se deleitan en inventar sus propios léxicos, actualizando palabras, imprimiéndoles sentido propio o excluyendo definitivamente a otras. Heidegger es, desde luego, un ejemplo casi extremo de esta tendencia. En muchos casos es imprescindible y exigido conocer la exacta terminología de un autor, antes de pretender su lectura.

Para la Heurística esto es inexcusable. La Heurística no quiere aceptar la tendencia, muy marcada hoy en día, de filósofos que inventan palabras con sentidos "ad hoc", nuevos y a veces caprichosos. Para nosotros la uniformidad y solidez de un lenguaje es un dato imprescindible. Una cosa es la filosofía o epistemología, otra cosa será narrativa literaria.

En este orden de ideas proponemos hacer un ejercicio con términos muy usuales en la ciencia, el arte y la filosofía, procurando armar una estructura lingüística cerrada, construida por un número pequeño de vocablos que definen un área de incumbencia. Hemos escogido seis términos muy usados, que muchas veces se superponen, son tangentes o divergentes, en otros casos se confunden, se usan como sinónimos u homónimos, análogos o próximos.

Este ejemplo puede arrojar luz a todo lo que estamos haciendo y evidenciará lo que decimos. En la didáctica, frente al alumno y en la práctica diaria del diseño es muy conveniente tener prolijidad y certeza en la terminología que se emplea.

Los seis vocablos-conceptos que hemos elegido son: *conocimiento, entendimiento, inteligencia, pensamiento, razón* y *saber*. Por supuesto cada unos de estos términos, ha implicado e implica un tratamiento histórico en la redacción de inmensos volúmenes de escritos. Nuestro propio tratamiento será más modesto, circunscripto y ceñido a lo imprescindible.

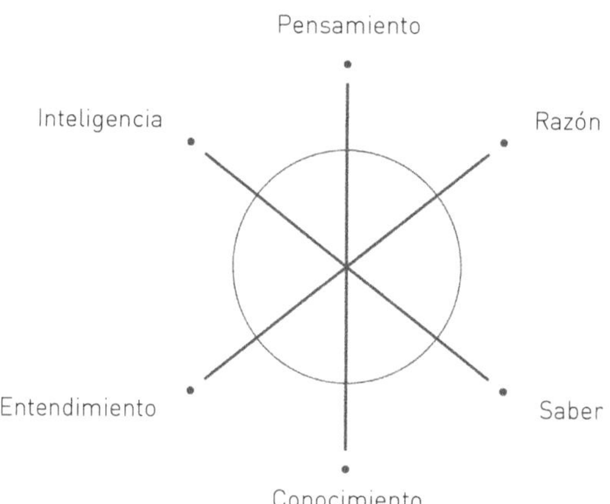

1. Conocimiento

En griego *gnosis*. "Gnoseología" como teoría del conocimiento, crítica del mismo.

Remite a la noción o intención del acopio de datos de la realidad externa o interna en nuestra mente o nuestro yo-persona. Es próximo al "dato de la información". En principio implica una cuestión de cantidad pero de calidad también.

Como tema se ubica en el centro de la filosofía del hombre y de la sociedad.

1. El conocimiento cerrado o no compartido y no exhibido no tiene al parecer sentido. Pero su exhibición no se reduce al discurso sino también a la obra material concreta. Un cuadro o una arquitectura remiten a un conocimiento implícito del agente. En la didáctica, este doble teclado —de la palabra y del objeto— son esenciales factores del conocimiento.

2. El conocimiento importa un agente o sujeto cognoscente, un hecho conocido y un acto de conocer.

Este escalonamiento es un segundo factor a tener en cuenta en la didáctica. Un tercer y cuarto factores son: el receptor del conocimiento y la requerida mostración o sea la explicitación con la presencia muda y directa del objeto y/o con el discurso o la palabra que lo nombre o lo describe. Todos estos datos son fundamentales en la didáctica y mucho del fracaso de la misma radica en el descuido, el desorden o la superficialidad del tratamiento del conocimiento a trasmitir por parte del docente.

2. Entendimiento

En griego *nous*. En un primer ataque es sinónimo de comprender o sea de asumir un dato que se nos da y evaluar su verdad o pertinencia (en alemán *verstand*, en inglés *understanding*).

El entendimiento desborda al mero conocimiento. Se puede conocer-reconocer un árbol o una persona pero entenderlos implica saber mucho más de ellos. Entender es saber o comprender el qué del objeto, el cómo esta hecho, el para qué sirve, el cómo se usa o maneja, el darle sentido. De alguna manera implica un juicio de valor aproximado o relativamente profundo. Conozco un acto, un acontecimiento, sé de un accidente, me anuncian un acaecer, esto sería un conocer, una primera noticia. Otra cosa es entenderlo, para justificarlo, negarlo, criticarlo. En el entendimiento está subyacente un juicio.

Los modos del entendimiento exigirán tres etapas: una percepción o noticia del hecho, una aceptación como experiencia mía y propia de esa noticia, un asumir el hecho como propio de algún modo y la aprehensión de su esencia, de su valor, de su ubicación histórica y dentro de mi vida, de su importancia, relevancia, significado.

El sujeto entiende porque comprende, aprecia el sentido de ser, el fondo ideal, el mensaje, la verdad o falsedad del dato, su función y utilidad, su pertenencia y pertinencia.

3. Inteligencia

Como facultad del organismo de plantear y resolver problemas, situaciones, dificultades o escollos presentados por el mundo. Nos interesa su sentido de facultad, habilidad, posibilidad, conducta psicológica. Como tal es una conducta de optimización que bien se puede contraponer a actitudes de automatismo, prueba y error, azar, hábito, práctica inconsciente.

La inteligencia de hecho se mide o compulsa como una conducta meritoria, que garantiza un éxito, que no es casual, que implica una proceso... que tiene algo de mágico a veces. Los tests de nivel de inteligencia son conocidos.

Es básicamente una conducta de un organismo pero no de cualquiera. No se podría atribuir a procesos no biológicos, y para justificarse como propia de un organismo debe superar un mínimo umbral. La conducta inteligente implica posibilidad de adaptarse al medio y asimilar al medio a su propio ser.

Adaptación y asimilación son momentos característicos.

La inteligencia "se mide": análisis de un factor de inteligencia necesario para cada situación y para cada individuo por su grado de éxito y su economía de insumo o desgaste y tiempo. La inteligencia fundamentalmente implica un aprendizaje de técnicas, de modos de estrategia, de adaptación, con un destino muy preciso de servir al hombre de herramienta para plantear y resolver problemas que requieren superar automatismos, hábitos, costumbres, rituales.

El término inteligencia, inteligente, por cierto, tiene una amplitud descomunal, se usa y abusa de él en el lenguaje común y puede significar prácticamente cualquier nota para caracterizar a un individuo, a un desempeño, a una práctica social... Se habla de artefactos o máquinas inteligentes. Quizás lo más grave de todo es que un comportamiento individual o grupal carente de todo sentido moral, ético, de toda bondad, altruismo o generosidad puede, si reporta éxito, ser calificado de inteligente.

Se puede calificar de "inteligentes" desempeños totalmente amorales, egoístas, egocentristas y despóticos o malvados y/o criminales... por el sólo hecho de haber logrado fines y éxitos o triunfos a quienes así obraron, sean Cesar, Luis XIV, Napoleón... Mussolini o Hitler. Este desencuentro gravísimo y letal es un dato que a veces resta todo valor al calificativo de inteligente. La ética tiene mucho que aportar en este sentido y, de hecho, se ha escrito negando inteligencia a tales comportamientos; pero el diferendo queda opinable.

La inteligencia tendría un anclaje indispensable e incondicional en la verdad, la rectitud y la pureza de una conducta y de una existencia. La inteligencia estaría indisolublemente ligada o condicionada por un valor de humanidad y piedad.

El término latino de *intelligentia* se ha cargado de un sentido metafísico. Se habló mucho en tiempos escolásticos de "inteligencias puras" y de valores de inteligencia.

Se asimila frecuentemente inteligencia con entendimiento. En ese sentido la psicología —especialmente experimental— vio en la inteligencia la prueba de la condición humana racional occidental. Se habló y se habla de grados o medidas de inteligencia, de tests de inteligencia para medir o justificar desempeños de orientaciones del individuo, de función mental, de análisis factorial de la inteligencia, de proceso de adaptación y asimilación del individuo y el medio, de aprendizaje y especialización, de códigos y pautas de la inteligencia como una operación de síncresis que amalgama partes de memoria, percepción, imaginación, voluntad, sentimiento, interés, formación, herencia, medio.

Se habla de inteligencia como capacidad de plantear y resolver problemas a niveles prácticos y/o teóricos. Otro tema muy estudiado es la génesis de la inteligencia, su radicación en lo personal, lo colectivo, en lo consciente o lo inconsciente, en el resultado del proceso de copia, de aprendizaje, de adiestramiento, en la experiencia y en la historia.

El tema de la inteligencia animal se ha planteado desde la antigüedad pero ha sido recién enfocado científica y experimentalmente por la teoría de la Gestalt. Los experimentos de Köehler en Tenerife en 1917 con los chimpancés son paradigmas.

Entonces, se considera la inteligencia como facultad biológica de adecuación, de planteo de problemas, de su resolución, del uso o construcción de útiles y objetos varios y de adorno, de la vinculación de la inteligencia con los actos de la expresión lingüística o sin la palabra.

Max Scheler, recogiendo concepciones de Hegel, también insiste en la facultad cognitiva de la inteligencia, la capacidad de teorización y de la razón-razonamiento como la clave de la inteligencia humana ante tipos de inteligencia coyuntural, irreflexiva y silenciosa del animal.

4. Pensamiento

Otra vez aquí el pensamiento como contenido sustantivo del pensar, y también como el acto, el verbo, el proceso, la operación mental. Contenido y acto fundan al humano, ni uno ni otro pueden proceder ni estar en soledad, sin embargo un pensamiento puede evocarse por un tercero, en ausencia del protagonista originario. Lo que no se puede es pensar sin un contenido, así sea este difuso, la nada es impensable, lo mismo que el todo.

¿Qué es un pensamiento? Un acto de conciencia, un contenido o tema en mi conciencia, un algo aprehendido por el sujeto en el mismo acto y el resultado del acto mismo. Como construcción mental un pensamiento tiene un contenido o concepto y una forma de conectarse en una proposición; por lo general ésta se materializa en una exposición lingüística que resulta un dato de sígnica. Acto, contenido o tema, proposición y expresión lingüística —o de algún otro nivel de signo— son los factores.

Está la cosa concreta, la mesa, la palabra en alemán, italiano o japonés, y está el concepto o *designatum* (designata). El pensamiento no es equivalente a conocimiento. De hecho en general el ser humano no piensa cabalmente ni constantemente ni positivamente. Pensar generalmente es repetir lo ya sabido u oído. Por cierto pensar "originalmente", pensar lo nuevo, lo inédito es, poco menos, que "impensable".

Quizás hayan de deslindarse cuatro escalones:

1. puedo pensar algo real, una mesa presente o ausente;
2. puedo pensar un objeto general o abstracto, la idea o concepto de la mesa, para ello debe intervenir algún factor de recuerdo o experiencia;
3. puedo pensar un objeto nuevo, pero que no es nuevo total tan solo es un *remade*, un constructo, un ensamblaje, como pensar en un hada;
4. pensar lo absolutamente inédito, inexistente y no construido a partir de combinatorias de partes o factores. Pero, tal posibilidad quizás tan solo sea una hipótesis. Lo "nuevo" sería tan solo un dato relativo, ¿puedo pensar lo no pensado antes? A lo largo de la historia de la filosofía han sido temas obligados.

Un tema muy actual se refiere a los modos del pensar. A diferencia de la escueta y simplista dicotomía clásica de la *doxa* y *epistheme* —la opinión y el pensar racional— hoy día la tendencia es deslindar en la función pensante mecanismos de tipo, clase u orden de pensamientos. Surgen así los modos del pensar. La bibliografía al respecto es muy abundante y resulta un tema muy productivo.

Cada tipo de pensamiento —ver más adelante— exige mecanismos humanos distintos, objetivos, tiempo, sentido, disciplina, razones varias que arman como estructuras ad-hoc. Un pensamiento manual radicado en el uso de herramientas puede tener muy poco que ver con un pensamiento poético o con una práctica esotérica.

Contemporáneamente se cumplen replanteos radicales. El inicial y radical es de Husserl: *"El pensamiento es un acto intencional que apunta a un objeto"*.

La intencionalidad es lo definitorio. En ese caso Husserl reintroduce los términos griegos de noesis y noema. Noesis como el acto de pensar al objeto, como salida del sujeto a la realidad. Noema como el objeto en cuanto es pensado, como dato de llegada del acto noético, como objeto intencionado, como contenido de lo pensado.

El pensar y el pensamiento son temas en los cuales el ser humano juega su destino y sentido. Por eso la urgencia existencial del hombre contemporáneo respecto de este tema en tanto pareciera que la realidad histórica le demuestra que la presente pesadilla y total desvío se deben a que él no sabe pensar, que piensa cotidianamente mal o que simplemente no piensa. Los grandes cataclismos históricos: las guerras, Hiroshima y el Holocausto son resultado de que el hombre hace o actúa por neurosis o enajenación y porque no sabe ni quiere pensar.

Heidegger será el más radicalizado. En su famoso texto *¿Qué es pensar?*, de 1954, dice: "el hombre... todavía no piensa"...

El pensar no es demostrable, solo se puede mostrar. El pensar es un camino en el bosque —*holzwege*— que nos conduce e inicia en lo pensable. Y lo único pensable —que sí lo es, que sí vale la pena— es pensar el mismo ser. Lo demás es opinión subjetiva y oportunista o un proceso de inferencia que es la ciencia o un proceso de adecuación casi mecánica-hábil del hombre a una circunstancia. Por esto resulta tan interesante penetrar en el complejo de las palabras —tal como pretendemos hacerlo aun sea breve y superficialmente— detectar esa extraña nomenclatura de términos con los cuales la mente del hombre pretende analizar a su propia mente. Por eso es interesante e importante este simple juego de seis términos que hemos elegido —conocimiento, entendimiento, inteligencia, pensamiento, razonamiento y saber— porque cada uno de ellos importa un enfoque y sin embargo todos ellos, de alguna manera, están como solidificados o cristalizados en una sola identidad.

Quizás se pudiera proponer algún tipo de esquema o diagrama de flujo, organigrama o mapa que pretendiera armar, con estos seis términos, una suerte de secuencia lógica. Sugerimos la siguiente secuencia:

Tal diagrama supondría en la base un cierto nivel biológico con algún grado de independencia o iniciativa que permitiría al ser vivo superar una condición de absoluta dependencia de fuerzas materiales, en tal caso se podría hablar ya de conductas o reacciones inteligentes. Con ello supondríamos una mínima capacidad de elección de las mejores o más redituables conductas.

La inteligencia en su escalón inicial no proveería más que economía, rédito, mínimos insumos de energía y mejores réditos. En un nivel inmediato superior —ya exclusivo y definitorio del humano— aparecería una posibilidad de razonamiento. Aquí habrían dos condiciones indispensables: la posibilidad de cotejar, evaluar y discernir óptimas rutas de acción y la posibilidad de tener conciencia o lograr un mínimo distanciamiento del propio sujeto respecto de su situación, decisión y conducta. También aquí pareciera ya imprescindible la aparición de la palabra. En un tercer momento el éxito logrado al momento por la acción razonada ya tomaría ubicación de preponderancia en el individuo.

Si, en un comienzo, el razonamiento fue ocasional, casi casual dentro de un comportamiento hasta ese momento mayormente de prueba y error o rutina, ahora el razonamiento es adoptado por el hombre como hábito. El hombre adviene a ser pensante. Se acostumbra progresivamente a remitirse, en sus conductas de reacción, a suspender la acción y ponerse a meditar, a evaluar, a pensar. Entonces el hombre piensa, deviene un animal que piensa; y pensar, lo repetimos, es resolver una situación en un plano abstracto, imaginario, y recién cuando la situación está suficientemente resuelta en la mente, entonces decidirse a la acción.

Por eso este momento del Pensamiento es el nudo de la conducta humana y el centro de nuestro diagrama. Una vez que se piensa, las etapas del entender, el conocer y el saber ya son culminaciones y perfeccionamientos casi asegurados y cada vez y progresivamente más y más reformulados o reconstruidos (y en general deformados) por la superposición del lenguaje. De hecho el lenguaje no es nunca garantía de solvencia, muy al contrario es un permanente factor de adulteración. El lenguaje será el vehículo de falsificaciones, de la codificación social, de las rutinas, de las superestructuras económicas e ideológicas que pervierten o anulan la libertad del pensar genuino y personal.

El pensamiento pone en juego la figura triangular, modelo semiótico de: 1. la cosa u objeto concreto, esta silla presente ante mis ojos; 2. la palabra o vocablo específico "silla", "*chaise*" "*stuhl*"...; 3. el *designatum* o los *designata*, es decir lo designado en tanto concepto, el concepto, la noción de silla que es un objeto ideal en mi mente.

5. La razón

También aquí razón y razonamiento. En griego: *logos* y *legein*.

El hombre como ser racional es definición aceptada. Por una parte pareciera ser una condición propia de su estadío biológico; el animal sería el ser "bruto".

Sin embargo la propia historia de la humanidad se encarga de desdecir permanente esta racionalidad, y por otra parte, los desarrollos de la psicología y el psicoanálisis han evidenciado que tal racionalidad es muy cuestionable, muy relativa, más bien ocasional, muchas veces sólo resultado de una economía de conveniencia y fundamentalmente endeble.

El mismo término de razón es múltiple:

1. La razón como "ratio" matemático, proporcionalidad, posibilidad de cuantificación, fracción de numerador y denominador, ya dice mucho. La razón aparece

más como un deseo o una meta que como una realidad o rutina cotidiana. Se habla de "divina razón o proporción" más como un paradigma que como un hecho cumplido.

2. La razón se adquiere con la educación, se perfecciona, se garantiza frente a los embates del capricho y la insensatez de los instintos.

Este tema de la pedagogía apasionó a los griegos, a todos los utopistas, a Rousseau, a Pestalozzi, a Freud y a Piaget. *"Pega, pero escucha"* fue la exhortación del célebre Temístocles al general espartano en vísperas de definir el plan para la batalla de Salamina. Oponer la razón a la emoción, al impulso ciego. El sabio es por definición el ser razonable. El Zen es siempre una prédica de regreso a la sana y cotidiana y altruista razón, desapasionada.

3. El razonamiento importa un principio heurístico por el cual la mente es capaz de poner a punto un funcionamiento lógico para acceder, deducir, inducir, un conocimiento, la razón de ser de un fenómeno, un descubrir su funcionamiento y sentido. Con el razonamiento se logra una explicación que hace comprensible y lógico a un fenómeno. El fenómeno pasa de ser inexistente para mí, de no saber nada de él... y progresivamente percibirlo, usarlo, nominarlo, clasificarlo, y finalmente, explicarlo.

Nuevamente aquí la razón, comienza con una intuición, se logra un contacto empírico, se pasa de la opinión a la búsqueda de razones, a la búsqueda de causas y fundamento, se procura anclar en un discurso o una fórmula lexical o codificada y se asciende a la abstracción y la ley , que explica, permite la generalización, la universalidad transmisible y axiológica.

4. La discusión filosófica ha procurado clasificar la racionalidad entre niveles o tipos: concreta y abstracta, mecánica y crítica, práctica y teórica o pura, analítica y dialéctica, instrumental e histórica, etc. En particular se ha diferenciado entre instancias de experiencia, empirismo o comprobación experimental y otras de racionalidad, lógica, científica. También se ha discutido entre niveles de irracionalidad, ignorancia, suposición, intuición, parecer, racionalidad y fe, creencia por autoridad y/o revelación.

5. Otro aspecto fundamental es el estudio de las relaciones entre razón y realidad. En que medida la razón podría conocer a la realidad del mundo, en que medida esa realidad es racional, en qué medida la trasciende.

6. El saber

Saber, sapiencia, sabiduría —término latino *sapere, sapientia*— en sentido general se equipara a conocimiento, como sabiduría se entronca con *"sofía, sophia"*, en griego y con la *epistheme*.

Podemos proponer una serie de instancias.

1. Con relación al término "conocimiento", éste se refiere más específicamente al trato de un objeto, a su frecuentación. Conocer un objeto, un asunto, una persona, implica un bagaje de información, reconocer a la entidad, distinguirla y diferenciarla de otras, identificar y poder nominar y dar una aceptable descripción. En

gran medida el conocer faculta el hacer, la conducta, la implementación o el uso de ese objeto técnicamente.

2. "Saber" implica una aproximación o más íntima o más extensa con el objeto. El saber es más general que el conocer. El saber es un conocimiento que integra y aprehende al objeto en cuestión con un contexto de realidad.

Implica una visión más integral de la situación, referida a un mundo de realidad. Implica una cosmovisión y ubica al objeto dentro de un panorama y una perspectiva de tradición, de cultura de un periodo o un pueblo. Implica un saber de "universales" o sea que desborda el conocer del objeto concreto para acceder a la conciencia de su nivel de abstracción y generalización.

3. También y fundamentalmente el "saber" se refiere a una sabiduría, madurez y conciencia de uno mismo de un correcto y coherente saber comportarse, capacidad de atender y asumir la existencia. En todas las sociedades —desde los orígenes— el saber fue un atributo del adulto y del anciano, las tribus se regían por el consejo de ancianos constituido a partir de su experiencia de vida, su sabiduría de mesura, prudencia y ética. El saber es el atributo definitorio del desempeño del coro en la tragedia ática. El saber es el tener sentido de la inteligencia del *nous*, de la capacidad de juzgar el bien y el mal y la posibilidad de explicarlo en el discurso *logos* de la ética y la ley.

En la filosofía griega este tema del saber tuvo enorme vigencia. Para Parménides el saber es un discernir o distinguir lo que es de lo no es. En Platón el saber es definir el *logos*, conocer la esencia de un algo, saber en qué consiste ese algo. Para Aristóteles el saber también importa el conocer la causa, el cómo se constituye una cosa y cómo funciona con sentido propio.

Entender la cosa, conocer la esencia y sustancia de la cosa, poder demostrar su necesariedad, su sentido, conocer sus principios constitutivos, su ley, poder demostrar su factura, cómo se fabrica, de qué proviene, cómo la cosa llega a ser, poder justificarla o explicarla o hacerla. En ese sentido, por un lado, el saber apunta al conocimiento de principios y leyes generales abstractas; por otro lado apunta a un saber concreto, directo de la cosa singular.

La *fronesis* era el saber práctico, actual, individual de la cosa, el saber del artesano. La *sophia* era el saber abstracto, general, teórico, legal y contemplativo de la cosa, el saber del sabio. El sabio con el conocer concreto y con la prudencia, ecuanimidad del saber virtuoso conjuga la práctica con la teoría, en este sentido la abstracción sustenta a la concreción y ésta culmina a la primera.

Será interesante poner en contacto este esquema de seis términos con la propuesta contenida en el capítulo 11 y el diagrama del pensar abstracto y del pensar concreto. Cómo funcionan, se eslabonan, se estructuran o compiten entre sí estas seis nociones y en función de un pensar científico y un pensar práctico.

10. El territorio del imaginario

Con el mismo criterio utilizado en la exposición de los "Seis términos" referidos a los datos de información y sus estructuraciones respectivas configurando entre ellos un territorio más o menos homogéneo de contenidos de la mente, se nos ocurre posible y oportuno proponer otra serie de términos que, a primera vista, podrían armar otro territorio, de gran interés para el diseñador atento al enfoque heurístico.

Agruparíamos algunos vocablos con notables características. Primero son de uso corriente y obligado en cualquier planteo de Heurística y además están en el uso cotidiano del lenguaje, lo cual no implica que su significado esté clarificado suficientemente. Segundo, toman distancia prudencial —aunque ni clara tampoco, ni definida, ni terminada— respecto a la primera serie de los Seis términos. Tercero se refieren o remiten a una nueva área potencial de funcionamiento de la mente, de enorme interés, llamativa, movediza, lábil —a veces quizá poco escrupulosa— pero siempre vibrando de novedad, curiosidad, capricho, acertijo, sobresalto... misterio, profundidad anímica. Se trataría del área del imaginario.

En este sentido es regularmente manejada por todo discurso lógico-psicológico y también y obsesivamente por el discurso psicoanalítico y la fraseología de la narrativa, el arte... la alquimia y también la heurística.

Como dato curioso —quizá no tan curioso sino muy señalado para el etimólogo de carrera— son términos que compulsivamente comienzan con "i" latina; no conocemos porqué ésto es así, pero podríamos suponer que esa vocal "i" como inicial debiera tener un significado propio, apéndice caudal, prótesis. Desde tiempo atrás nos llamaba la atención la cantidad de vocablos en "i" implicados en aproximaciones de Heurística. Del *Diccionario Filosófico* de Ferrater Mora hemos extraído más de cien vocablos con "i" iniciales y que tienen relevancia para nuestro estudio. No es cualquier cosa.

Nos propusimos tomar ese tema para aplicarlo a un ejercicio de Heurística, su desarrollo importa tres o cuatro momentos.

MOMENTO UNO:

Haremos un repertorio abierto de vocablos con "i" inicial dentro del modelo de la Ameba.

MOMENTO DOS:

Se proponen listados abiertos de familias de términos de la anterior ameba, agrupados en colección por afinidad de significado.

Tales repertorios serían:

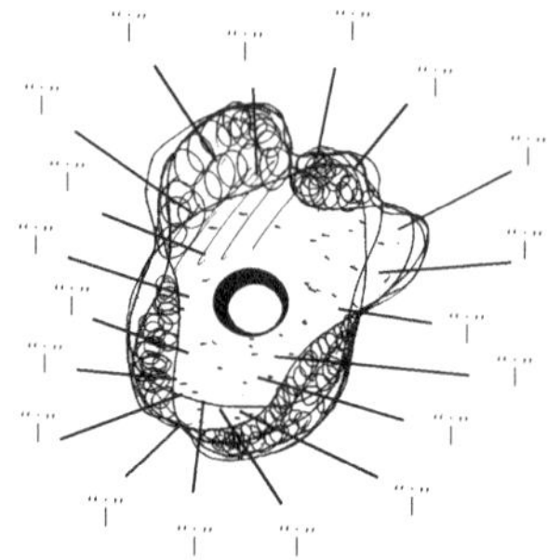

MOMENTO TRES:

De la original Ameba con sus cien vocablos hemos procurado ahora construir algunas subestructuras. Hemos deslindado diez —1 a 10— subestructuras bastante sólidas y cerradas. De ellas nos interesarán, en principio los primeros seis y con ellos construimos el diagrama tridimensional:

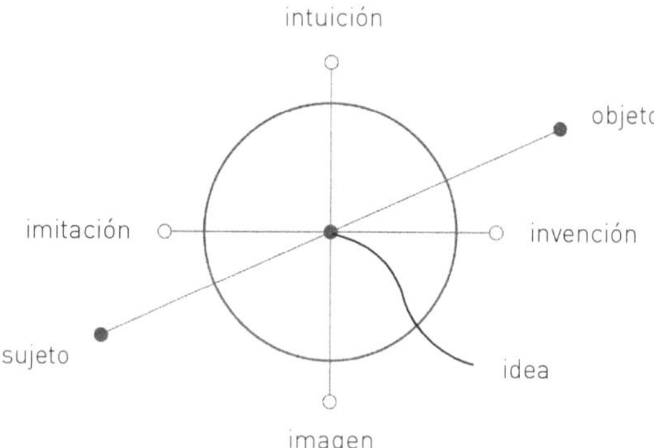

Lo que interesa señalar es cómo de un tal análisis de vocablos se ha logrado una estructura más o menos fuerte y coherente como instrumento de experiencia con la realidad. Es muy evidente cómo la tarea del diseñador y heurístico queda apoyada en estos cuatro vocablos básicos, subtendidos sobre un eje perpendicular del sujeto-objeto.

Si bien esta metodología es bastante empírica y simple, el rédito que puede, a veces, extraerse de estos ensayos y diagramas puede ser mucho más interesante de lo que parece ser al comienzo. Deseamos, en este sentido, aproximar un breve análisis que profundiza el anterior.

Cuadro de listados abiertos de familias de términos agrupados en colección por afinidad de significado.

1.	2.	3.	4.	5.	6.	7.	8.	9.	10.	11.	12.	13.
idea	**imagen**	**inteligencia**	**intuición**	**imitar**	**invención**	**intención**	**índice**	**impresión**	**inducción**	**identidad**	**ironía**	**inconsciente**
ideología	imaginario	intelecto	intuitivo	imitación	invento	intento	indicar	impreso	inducir	ilusión	ídolo	irracional
idealidad	imaginación	inteligente	intuicionismo	imito	inventa		indicación			integración	iluminación	irreparable
idealismo	imaginar	inteligible			inventiva					influencia	ilustración	irreversible
										inmediato	inscripción	irreflexivo
										inefable	inmortal	irreal
										inferencia	individuo	indecib le
										implícito	ingenuo	indemostrable
										implicancia	interés	independiente
										inclusión	instinto	indiscernible
										intención	instante	indiferente
										infinito	instrumento	indirecto
										infinitesimal	integración	inmaterial
											isomorfia	intrascendente
											ideoma	incertidumbre
											ilocutorio	indeterminado
											innatismo	incondicional
											informe	inconcebible
											informático	incomprensión
											intrínseco	introyección
											inmanencia	introspección
											íntimo	involución

La subestructura 11 tiene cierta fuerza y se refiere más bien a datos del sujeto.
La subestructura 12 es más heterogénea.
La subestructura 13 se define básicamente por términos "en negativo", o sea, polares de otras nociones, por ejemplo "indirecto" de "directo" como resultado de actos de oposición o negación.

Si comenzamos con la gran entidad —entidad de entidades— la Realidad o ʀ°, desde un cierto punto de vista, ella se nos da como un extenso cuerpo, de estructura subyacente y relativamente sólidamente armada. Presenta —para una mirada contemplativa no comprometida en perspectivas sectoriales— cierta heterogeneidad, lapsos de vacío, fluctuación, lagunas, huecos, hiatos... pero también se intuye el soporte de una intencionada geométrica o sintáctica primaria.

Podemos orientar en diversos sentidos nuestra indagatoria; aquí adaptamos uno posible. Dibujaremos una línea de trayectoria de cuatro tiempos.

1. Supondríamos en un origen la posibilidad de unidades discretas, singulares, individualidades, moléculas o átomos, piezas primarias de un rompecabezas y que llamaremos mónadas.

   Estas unidades se nos aparecerían como potencias, acaeceres —que podría atrapar la intuición— como datos o dados unitarios, vivencias en este instante y punto de posibles acontecimientos atrapados al vuelo.

   Las mónadas, por definición no tendrían morfología, ni materialidad, ni color, ni forma... en tal sentido deben asumirse como datos de hipótesis, vivencias discretas atómicas en procesos de mutación constante y abstracción.

2. Una segunda instancia implicaría adicionar a las anteriores presencias datos de morfología: materialidad, color, forma, dimensión, movimiento. Se constituirían figuras en un amplio sentido del término, con alguna calificación espacio-temporal, cantidad, significancias, posible fabulario respectivo (palabras y/o textos) y alguna red de lógica, axiología... Dichas entidades morfológicas se ubicarían asentadas en el exterior espacial-temporal y las entenderíamos como constituidas en *noemas* frente al sujeto. Una sintaxis de primer nivel sería quizá posible.

3. Ahora esos *noemas*, hasta este momento en un estado de relativa disipación, acentuarían su densidad óntica y advendrían a lo que llamaríamos entidades objetuales, objetos singulares, desglosables del fondo y con creciente estructuración material, y, en consecuencia, también mayor significancia y presencia ontológica.

   En este momento el vocabulario acudirá a términos de objetos naturales (atmosféricos, telúricos, minerales, seres vivos) y de objetos artificiales-culturales, cosas técnicas, instrumentos, artefactos, instalaciones, etc, etc.

4. En otra instancia, de pura sintaxis reordenando lo morfológico, nos ocuparíamos de relaciones básicamente en un sentido ontológico-lógico. Colecciones primaria de objetos o familias. El repertorio lingüístico se compondrá de unidades, duplas, triadas, cuaternas, cantidades discretas o continuas, conjuntos, colecciones, familias, series, grupos, fruto de fuerte sintaxis expuesta.

   El diagrama-modelo de la figura anterior concentra toda nuestra atención.

   Los cuatro protagonistas están en sus puestos y subtienden un campo de significación de creciente interés.

   Imaginación, Intuición, Invención e Imitación se interpenetran, complementan, oponen, conjugan en un juego de aperturas muy rico.

La *imaginación* ha sido históricamente campo de debate. El mismo término, su etimología, la carga supuesta en el vocablo *imago*... han sido objeto de permanente hermenéutica.

Hoy día asumen otra vez un creciente protagonismo, entre otros, por la iniciativa de Sartre, la incidencia principalísima de la psicología profunda del inconsciente y la eclosión del diseño contemporáneo. Repárese cómo este vector actúa distintamente en los diseños sectoriales, cómo funciona la imagen en el diseño de arquitectura, de gráfica o de objetos de producción industrial y en la obra artística de pintura. La *intuición* remite también a la filosofía toda; es fundamental el aporte contemporáneo de Bergson. La *invención* es el centro de gravedad de la Heurística y resucita la apertura hecha por los geómetras griegos, transcurre plena en la Hermenéutica renacentista y desemboca en la Fenomenología y en nuestro presente. La *imitación* —siempre problematizada por la Historia del Arte— es hoy día nueva fuente de interés y polémica para la Heurística.

El cruce de estos cuatro vectores, el campo de significación y problemática permite extraer y plantear ciertos puntos importantes.

a. En el centro de la Cruz del Sud —tal lo llamamos familiarmente a este diagrama "cruciforme"— ubicamos la *idea* y ella a su vez subtendida en Sujeto y Objeto. Esto diría que, de alguna manera la *idea* pensada en una oposición-dialéctica Sujeto-Objeto se decontruye a su vez en el diagrama cruciforme.

b. *Imagen, intuición, invención e imitación* se escalona entre distintas densidades del Sujeto-Objeto.

El Objeto puede estar presente y determinado para la Imitación; puede estar en plena construcción en la *imagen*; puede estar en tanto sospecha en la Intuición y puede ser el "objetivo" o meta de la *invención*.

c. En función de este juego relacional del Sujeto con el Objeto, el vector de un Tiempo y un Espacio también quedará diferentemente señalado. El futuro, el presente y el pasado intervienen fuertemente pulsando el juego.

d. A su vez el Sujeto interviene, participa y define en proporciones distintas a cada una de las cuatro actitudes

e. Cada uno de los cuatro protagonistas del crucigrama puede estudiarse en función de las preguntas clásicas del qué, el para qué, el quién, el cómo, el cuándo y el dónde, el por qué y el con qué, desde qué y hacia qué...

Cada uno de ellos importa densidades de percepción, memoria y fantasía.

Cada uno importa un mensaje, un canal, una causalidad y una finalidad, una intervención muy variada del factor vocablo-texto (sustantivos, adjetivos, adverbios, verbos, etc.)

Importan asimismo variados modos de inscripción en cuanto al soporte.

El gráfico adjunto quiere ser una presentación y resumen de lo expuesto.

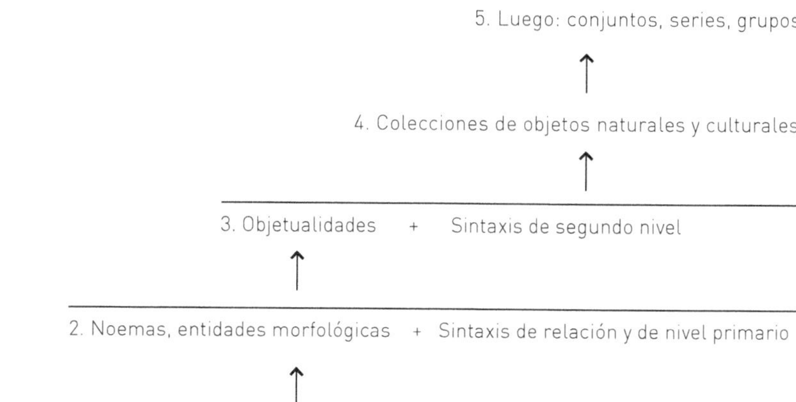

11. Los modos de pensar

"... y todavía el hombre no piensa."
HEIDEGGER. QUÉ ES PENSAR

Con esta denominación entendemos encarar el pensamiento humano bajo una perspectiva bien contemporánea y que en estos últimos años ha sumido particular importancia. No desarrollaremos el tema, por cuanto su extensión no tiene cabida en esta oportunidad.

Haremos tan sólo algunas consideraciones.

1. Debiéramos, en primer lugar retomar el tema de la ameba.

2. En segundo lugar, la ciencia y la antropología contemporánea han definido positivamente la sospecha —y aún más que la sospecha— la convicción en cuanto a que la mente humana y su desempeño no se puede acomodar o encerrar en una única o globalizada unidad funcional.

   Hay que suponer entonces que más bien se abre en un abanico de "modos del pensar" que responden a centros de tareas orientados a destinos diversos. Tales destinos pueden verse como áreas operativas del pensar-hacer centrados en temáticas y modos del encarar la realidad. Seguramente tales operativos responden a zonas cerebrales y a modos complejos del pensar-hacer socializado y orientado.

3. Los modos del pensar pueden ser vistos como estructuras de comportamiento mental-somático (operativos y operaciones) orientados cada una de ellos a áreas del quehacer social: artista, científico, técnico, filósofo, poeta, artesano, etc.

   Por supuesto que habrá de verse en estas áreas más bien el vector que estructura que exactamente los límites que entre una y otra y que pueden ser, a veces, muy blandos y dúctiles. Tal es el caso entre el pensar que llamáramos melódico-rítmico que caracteriza a las estructuras musicales y el pensar icástico de lo básicamente visual y táctil.

4. La historia demuestra palpablemente que el hombre de la tribu primitiva ya había organizado su estructura social entre ciertas áreas de incumbencia: la función del sacerdote-chamán-cacique y la función del individuo común, agricultor, cazador, recolector o incipiente artesano.

   Las grandes culturas ceremoniales del antiguo Oriente diferenciaron aún más entre el sacerdote-mago y el cacique-rey y guerrero y también entre el miembro más o menos independiente como el jornalero u obrero y el esclavo.

   En la sociedad griega queda una primera dicotomía muy marcada y precisa entre la *doxa* o pensar-actuar propio de la cotidianeidad de la existencia del que hace y produce en la economía de la comunidad en una actitud manual, pragmática, de sentido común y de tradición y el pensar-actuar propio del filósofo —y más tarde del científico— que corresponde a la *episteme* o conocimiento disciplinado lógica y metodológicamente sistemático y verificable.

Esta polaridad, la *doxa* u opinión por intuición o tradición y la *episteme* o pensamiento de indagación comprobable y en base a principios de orden lógico, será, ciertamente, uno de las mayores aportes de la primera meditación helenística.

La distinción cruza toda la historia y adquiere naturalmente una decidida verificación cuando con Leonardo, Copérnico, Kepler, Galileo... el sentido de un pensar científico se hace preciso, delimitado y formalizado legalmente. Paralela y coincidente será, desde entonces, la diferenciación cada vez mejor definida y formalizada entre ambos modos del pensar-hacer.

Poco a poco la meditación occidental irá deslindando subáreas tanto para la *doxa* cono para la *episteme*. El pensar científico, el pensar filosófico, el pensar estético deslindar territorios y con el tiempo el pensar artesanal, bien apoyado en la dinámica corporal y manual, también delimitará sus áreas del pensar-hacer de una técnica específica y crecientemente dominante.

Los momentos del Iluminismo, del Romanticismo, del Socialismo y del Positivismo se preocuparán con acentuado interés en esta temática. Pero recién con nuevos aportes de la psicología, la sociología, la historia del arte y de la literatura y en especial de la antropología el problema podrá ser planteado en toda su dimensión y vigencia.

El hombre actúa y piensa dirigido por vectores que definen áreas de especialización. Cada área de la posibilidad del hombre de hacer-pensar tendrá su perfil propio, sus límites de incumbencia o aplicación, su modelo que lo describe.

No piensa-actúa en el mismo nivel lógico-psicológico-social quien funciona básicamente con su cuerpo o quien apunta a una vida "espiritual" o moral-religiosa o quien mira la realidad con los ojos del científico del laboratorio de experiencias de biología.

Los mecanismos de ataque son otros y, con el tiempo, estos mecanismos repetidos en sostenida rutina, definen (o deparan) una cosmovisión, una lógica, un sentimiento y una posición existencial específica, en definitiva, una persona distinta.

5. Los modos del pensar los hemos graficado en un mapa circular en el cual cada vértice concentra un área del pensar-hacer antropológico.

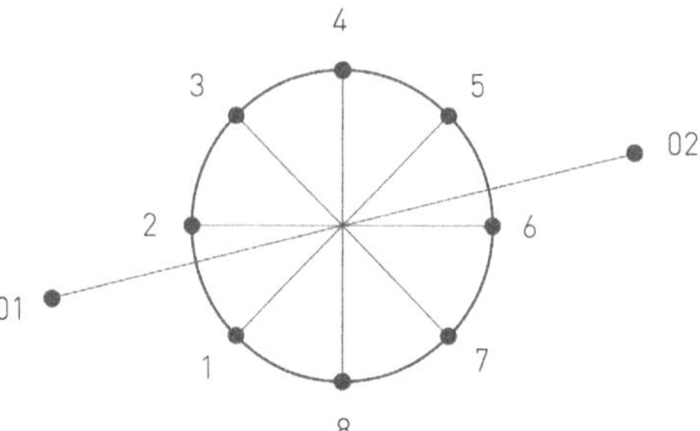

1. Pensar corporal o somático
2. Pensar manual artesanal
3. Pensar técnico instrumental
4. Pensar abstracto-científico-lógico-matemático
5. Pensar melódico rítmico
6. Pensar icástico
7. Pensar metafísico-esotérico
8. Pensar concreto-poético

Por el centro de la circunferencia pasaría un eje perpendicular al plano del mapa cuyos dos extremos corresponden: 01. "pensar hablado"; y 02. "pensar silencioso".
A partir de este mapa se pueden definir cuatro zonas o áreas.

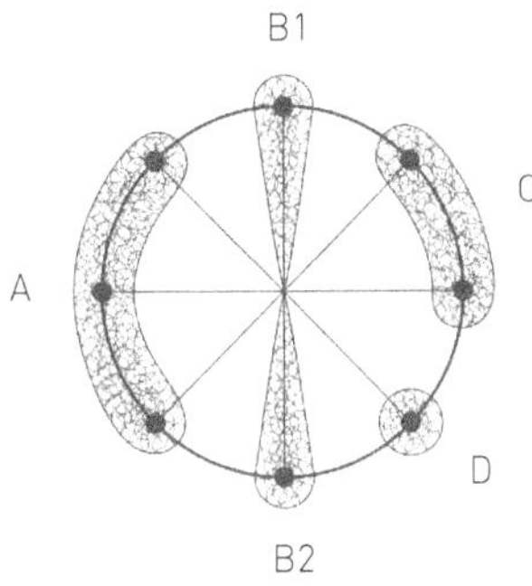

A. Del pensar que abarca a 1, 2 y 3, como hacer y actuar adherido a muy determinado por la dinámica propia corporal.
B1—B2. Un eje polar y dialéctico del pensar abstracto científico y el pensar concreto poético.
C. Un área que involucra el pensar melódico y al icástico como modos señaladamente estéticos.
D. Un área del pensar místico-metafísico-religioso-esotérico.

Para cerrar el tema presentaremos sucintamente en lo esencial el eje de polaridad-dialéctica subtendido entre un pensar abstracto y un pensar concreto.

El cuadro adjunto pone el paralelo estos dos ataques cotejando sus notas características.

Pensar abstracto, científico	Pensar concreto, poético
1. es abstracto y general	el concreto y particular
2. se enraíza en la objetividad de la realidad.	se apoya en la subjetividad del individuo
3. es racional permanece el acto comprobable	acepta y estudia todos los momentos de la irracionalidad y la honduras del inconciente y el imaginario
4. es general, tiende a definirse en sistemas y leyes de valor absoluto	es particular, singular, con validez en instantes y lugares individuales y privadas
5. actúa metodológicamente, se formaliza en ideas, conceptos, sistemas y legalidad. Métodos y datos verificables	actúa espontánea y al azar. Se formaliza en la operativa de la imagen, intuición, emoción, sueño, ensoñación, voluntarismo
6. se apoya en la mecánica lógica-matemática y se apoya en datos de información	se apoya en la sistematización de los ritmos melódicos, estéticos, morfológicos, sintaxis, la figura, el color...la formalización
7. se convalida en la información, verdad y la realidad	se convalida en la formalización del sentimiento, la Gracia y la Ética
8. podría representárselo por un eje de izquierda a derecha en horizontal	podría representárselo por un eje vertical de abajo hacia arriba

Este esquema históricamente podría representarse así:

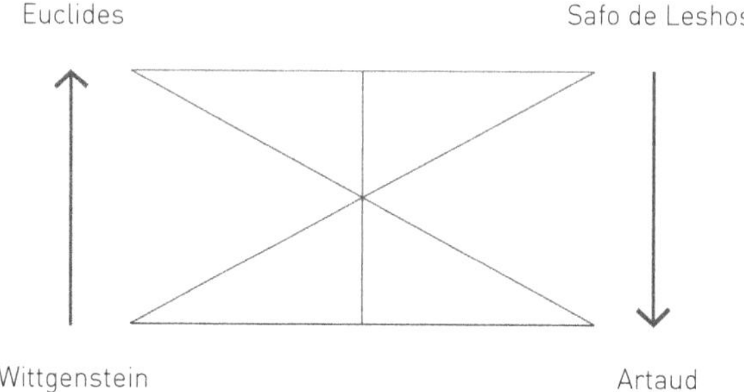

El pensamiento racional abstracto en Euclides y Wittgenstein el pensamiento imaginario concreto entre Safo de Leshos y Antonin Artaud.

También este esquema:

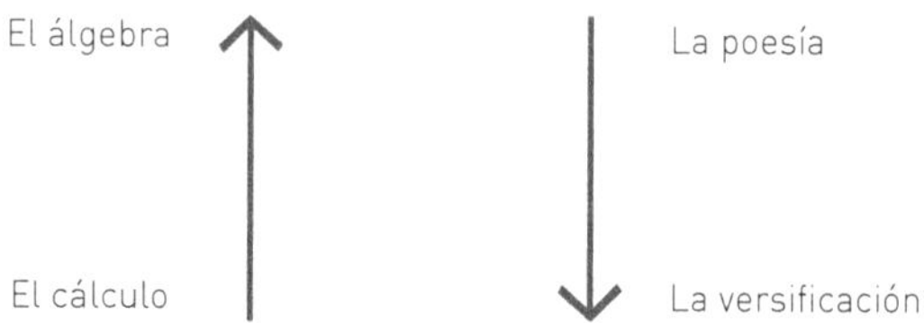

El álgebra... como planteo epistemológico al cálculo del profesional ingeniero; la poesía de Mallarmé... como planteo de imaginario a la versificación como mero mecanismo retórico y/o lenguaje cotidiano.

12. La apertura heurística

"Un ruido dulce / interrumpe mi sueño / gotas de lluvia en el follaje"
HAIKU (SIGLO XVIII)

Precisamente la Heurística desborda la Epistemología en tanto esta última sólo se aboca al estudio del pensamiento abstracto, científico, racional. Los demás modos del pensar no merecen su consideración; pero la Heurística establece la dialéctica entre este pensamiento sistemático y el pensamiento concreto. Debiéramos hacer un último intento para definir o situar delimitadamente la Heurística. De todos modos tal definición no dejaría de ser una aproximación relativamente particularizada y temporal sin pretender exhaustivar un abordaje multisectorial. Nuestro punto de vista será siempre el Diseño.

En este sentido la Heurística se nos aparece orientándose progresivamente y más eslabonada al pensar concreto, el cual perfila como complejo, más conexo al relativismo del momento, más entramado a lo total del ser humano y de la sociedad. Mejor aún podríamos decir que la Heurística se nos aclara y delimita precisamente en la dialéctica subtendida entre ambas decisiones polares del pensamiento abstracto y del pensamiento concreto.

La Heurística actual desbordando "la problemática del problema" se ofrece como la meditación sobre el pensar mismo, su sentido, su aparición con el ser humano, sus alcances y límites. La Heurística se preocupa y ocupa seriamente para instalar y comprender al pensamiento abstracto en su sitio de preeminencia poco respetuosa del abanico de los otros modos del pensar-hacer humanos.

La Heurística se solaza en el movimiento pendular de un área del pensar posible a un área del pensar imposible; entre lo probable y lo inefable; entonces estarán involucrados los planos del consciente y del inconsciente, de lo particular y lo público, de lo actual y lo histórico y futuro.

En definitiva, lo que más puede interesarnos es la dialéctica subtendida entre el representar y el presentar; entre la idea y el objeto y, retomando el tema de la imaginación, la intuición, la invención y la imitación, con él estaríamos programando un Diseño en toda su extensión y sentido.

Si deseamos calar más a fondo para fundar la Heurística en cimientos más generales y sólidos y, al mismo tiempo, lograr una visión de un campo más completo del saber-hacer podemos intentar otro enfoque. Al procurar ubicar o insertar más perfectamente la Heurística en un marco epistemológico y un encuadre ideológico histórico surge el siguiente esquema del encuentro entre tres áreas: teorías sectoriales, teorías formales y sistemas filosóficos históricos.

Las teorías sectoriales que caerían dentro de la incumbencia de un diseñador serían:

Teorías del Diseño propiamente dicho, de la Técnica y del objeto técnico, de la Ciudad, de los Sistemas, del Juego, del Objeto y la objetualidad, Teoría del Habitar.

Los sistemas filosóficos serían los planteos y programas de la especulación filosófica contemporánea: la Fenomenología, la Filosofía de la Existencia, el Psicoanálisis, el Neopositivismo lógico, Wittgenstein, la Psicología de la Gestalt, el Estructuralismo, la Epistemología genética, la Escuela de Frankfurt... y las varias aperturas del así llamado Postmodernismo.

Las teorías formales abarcarían los grandes "huecos" del pensamiento contemporáneo como: la Morfología, la Sintaxis, la Semiótica, la Metodología, la Hermenéutica, la Lógica, la Ética, la Estética.

Por supuesto no le demos a estas clasificaciones mucha más importancia que el interés de introducir algún orden, aceptando algún nivel de arbitrariedad. Para terminar proponemos un cuadro que podrías tener interés como ordenador de temas y orientación de la didáctica.

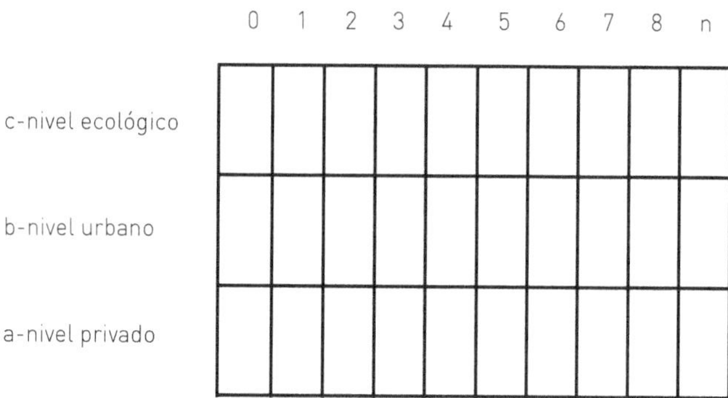

Tres niveles socio-históricos:

a. del hombre en el encuentro con el hombre, o sea, el yo y el tú; nivel del hombre singular, particular, privado; imagen del hombre u hombre e imagen.

b. Del grupo humano ciudadano-barrial y metropolitano, nivel de urbanidad, la función del habitar, el hombre y la imagen de la ciudad.

c. De la humanidad a nivel de culturas en su ensamble con la Naturaleza, la constitución de paisajes reales o míticos, la imagen de la Tierra, aquí remitiríamos a los presentes planteos globales ecológicos, la interconexión entre culturas y geografía (Capra y los ecologistas...).

En el sentido horizontal del gráfico ubicaríamos desde el casillero o hasta el n-n, los diversos tipos de diseño: diseño general, básico y diseños sectoriales de arquitectura, objetos industriales y domiciliarios, gráfica, indumentaria, paisajismo, imagen visual y sonora, movimiento, objetos estéticos, objetos de comunicación y de mántica y objetos experimentales como el Épsilon, algunos juegos de sistemática, y objetos escénicos.

El objeto Épsilon

Precisamente este tema central, constituyente de lo más denso de la Heurística puede abordarse con un ejemplo concreto centrado en la dialéctica del representar-presentar.

En 1972 en la FAU de Mar del Plata hicimos un primer ejercicio con el Objeto Épsilon. En él retomamos un trabajo anterior del Ing. Gallo sobre objetos materiales modelos para estudiar y enseñar temas de Estática y Estructuras. A su vez, este trabajo se había basado en ejercicios estructurales, modelos en escala con situaciones de equilibrio, iniciativas experimentales en Universidades alemanas en las décadas del '20 y '30.

En 1984 en la FADU de Buenos Aires expusimos trescientos Objetos Épsilon del taller de Arquitectura. Este objeto ponía en evidencia —mostraba— una serie de planteos, los principios, fines, logros y mecánica interna que abrían otro enfoque para la didáctica del diseño. El Objeto Épsilon, así considerado, operaba a nivel de una suerte de metáfora que abordaba abarcativamente toda la Heurística del Diseño. En último término ponía sobre la mesa, con precisión y sencillez, el problema del problema.

Para nosotros con este experimento comienza la Heurística del Diseño: el tema del modo o tipo de pensar del diseño. Enumeramos algunas implicancias:

a. El Objeto Épsilon no es un modelo o maqueta, instancia intermedia hacia un fin más allá, como es el caso de un proyecto.

Sabemos que no tiene, como objeto, función útil instrumental, no es un signo su preocupación no es de orden sémico, tampoco estético, no es un objeto habitable ni es un fetiche o adorno con fin de mántica. Sí, creemos, que se puede acercar a los planteos de Duchamp, pero no entra dentro de la problemática de los objetos surrealistas, dadaístas o de cinética.

b. El Objeto Épsilon se abre circularmente sobre sí mismo, cumpliendo un curioso arabesco del pensamiento. De hecho sería un auténtico objeto filosófico, pero no un texto ni una ilustración.

Por negativa a comprometerse con los demás objetos a, b, d... su sentido o definición se estrecha y cala en profundidad. Lo notable es su naturaleza heurística, su condición de organismo artificial hecho en base al planteo como problema y a su resolución coherente, pertinente, lógica.

c. El Épsilon "se muestra", no remite a nada, no tiene mensaje, no representa, sólo se presenta. El dice lo que es y cómo es. El se autodefine en su esencia operativa, por eso también es un objeto concreto. El pone en evidencia el complejo sistema de los modos del pensar que opera en su inicio y en su interior lógico-imaginativo.

d. Estructuralmente, el Objeto Épsilon es un sistema lógico y material en equilibrio entre los tres subsistemas: el *subsistema activo,* que es la fuerza actuante perfectamente controlada y desde el exterior; un *subsistema vivo* su cuerpo total que es solicitado por la fuerza viva y entra en transformación, se descompone, se abre o se deshace y se vuelve a recomponer; y un *subsistema muerto* como infraestructura de soporte.

Pero en última instancia, lo más efectivo del Objeto Épsilon es el modo del cómo y por qué del poner en evidencia los pares dialécticos, que operan en su interior y que le asignan su sentido de objeto de Heurística.

Tales dialécticas serían: Yo-Otro; Sujeto-Objeto; Real-Imaginario-Ideal; Consciente-Inconsciente; Representación-Presentación; Invención-Imitación; Formal-Funcional; Orden-Azar; Sistemático-Asistemático; Dinámico-Estático, etc.

Con este programa el Objeto Épsilon queda perfectamente señalado como un paradigma concreto material e ideal de Heurística.

Querríamos cerrar esta exposición con algo parecido a un balance; pero la apertura que pareciera pretender la Heurística, en primera instancia, puede no resultar clara. Por una parte se hace un enfoque con contenidos o temáticas típicamente psicológicos; resulta evidente que hablar de conductas, modos de pensar y motivaciones, encuadra cabalmente en tradicionales territorios de la psicología. Sin embargo el enfoque heurístico no pretende invadir tales territorios. Por otra parte parece pretenderse una visión globalizadora de fundamentos existenciales del hombre como individuo y de las culturas, con lo cual se encaran tradicionales territorios filosóficos.

Finalmente no cabe duda que la Heurística —por lo menos tal como la presentamos— apunta directamente a las áreas de un hacer concreto, sea una instancia de diseño o proyectación, sea en su momento de concreción o construcción material. Este triple enfoque desoculta notas de importancia.

La Heurística —así insertada— parece asumir una voluntad de corte horizontal de aquellos tradicionales cuerpos de conocimiento, sistemas y discursos de psicología, lógica, filosofía. Esta actitud es de heterodoxia.

Pareciera también que tal voluntad resultaría directa e inevitablemente de la pretensión de la Heurística de apuntar a un enfoque y terreno concreto de diseño-construcción.

Para la Heurística es fundamental asumir y comprender el comportamiento humano como un proceso —casi una línea ondulante y ascendente— de continuidad desde los mecanismos fisiológicos de adaptación y asimilación, los reflejos y automatismos hasta los niveles más elaborados del conocimiento inteligente, la imaginación, la invención. El análisis motivacional presentado más arriba deja muy en claro estos dos extremos de la conducta humana; un puro hacer "sin pensar" y un "puro pensar", sin necesario hacer. Entonces entre estos dos polos del hacer y del pensar podría subtenderse un área de la actitud humana que caracterizaría al sujeto como tal deslindándolo del *zoon* y proyectándolo a un horizonte de cultura e historia.

Podríamos proponer un diagrama:

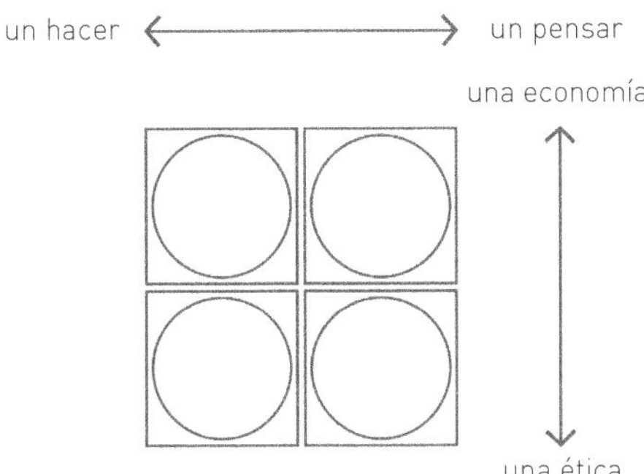

Entre la dialéctica del hacer-pensar y la de una economía-ética, se dibujará un campo de los conductas del hombre que podrían servirnos de guía metodológica.

A lo largo de la historia, y desde épocas remotas el hombre diferenció curiosamente —como intuición de su propia definición y destino— un hacer simple concreto utilitario de un pensar puro especulativo. Ya el mago chamán o el patriarca cacique de la tribu, por definición, se atribuían ventajas y derechos del pensar para decidir y ordenar. Con el tiempo este derecho —inequívocamente heredado de la conducta animal del patrón de la manada   se impone agresivamente, despóticamente, se rodea de misterio, de tabú y funciona como un factor de sectorización y segregación social.

Hay quien piensa y decide porque cree que sabe y hay quienes obedecen y hacen porque se supone que no saben.

Se impone una franca oposición con el déspota político, sumo sacerdote o jefe guerrero y, en la contracara, el pueblo llano. Uno ordena, otro obedece, uno piensa otro hace. Más tarde, con las sutilezas de la cultura inteligente, aparecerá el ideólogo, el filósofo, el teórico en las alturas y el trabajador, artesano, obrero... o esclavo en el fondo del pozo.

Pero lo que nos interesa subrayar, no por nuevo sino por sus consecuencias histórico-culturales, es la dicotomía, entre el pensar y el hacer. Esta antinomia es muy claramente vista por los intelectuales griegos. En Platón: un nivel de *doxa* —un hacer basado en la manualidad y la herramienta, la costumbre y la rutina, la opinión y el resultado de una prueba y error— y un nivel de *ephisteme*, como un pensar racional, discursivo, metódico, con principios y leyes.

Las tareas del hacer en la materia, con el cuerpo y el utensilio, caracterizados por su regularidad, rutina, disciplina y repetición se reservan al pueblo, a la plebe. Las tareas del imaginar , razonar, decidir, definir, del pensar severo y señero son el patrimonio del aristócrata, del noble, del hombre de la cultura.

Queda marcada una línea de frontera que no se traspasa sin graves consecuencias. Una ideología de egoísmo, reaccionaria, elitista y esclavista ubica al hombre de alcurnia en un plano inaccesible, casi sagrado, para el hombre del vulgo, el artesano, el proletario, el obrero.

El noble aristócrata castellano de Felipe II o de la corte de los Luises, siguiendo la tradición heredada de la Edad Media, y de los mismos romanos, no trabaja, ni podría ni debía trabajar o ejercer un oficio manual ni aún artístico. La transgresión a esa norma de clase se pagaba muy seriamente con la degradación o la muerte civil. El dato es muy sintomático. El aristócrata arruinado puede pedir limosna o vivir de trapacerías pero no puede trabajar con las manos. Frente a esta ideología, que aún persiste en el inconsciente de las aristocracias contemporáneas, desde muy antiguo surgió una línea de pensamiento que propugnó la ética del trabajo.

Gandhi fue el paradigma en la modernidad de esta exaltación del oficio manual y de su valor moral social e histórico. Podríamos nombrar a muchos ideólogos del anarquismo y del socialismo —como al apasionado Babeuf, "el Grachus"—, a Romain Rolland y a Lanza del Vasto.

Son muy significativos en este sentido las palabras de Jesús de Nazareth en los evangelios: "*... no os afanéis por vuestra vida, qué comeréis; ni por el cuerpo, que vestiréis... considerad los lirios del campo, cómo crecen; no trabajan, ni hilan... mas buscad el reino de Dios y todas estas cosas os serán añadidas."* (s. L. 12.22)

El diseño contemporáneo se ubica entre estos extremos del pensar y el hacer, la Heurística asume el tema en esa voluntad de integrar enfoques de profesionalismo cerrado.

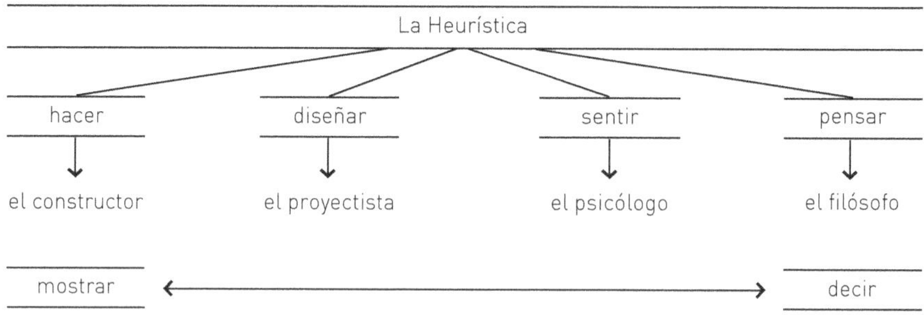

El gráfico también señala la dialéctica del mostrar y el decir, del acto deitico y práctico con el acto enunciativo y discursivo. El rápido recorrido del hacer-pensar y del análisis motivacional puede resolverse en una síntesis de tres modos que presentamos:

MODOS PRELÓGICOS:
Desde los actos reflejos, rutinas, automatismos, conductas instintivas, hábito, copia, prueba y error, síncresis perceptiva, etc.

MODOS LÓGICOS:

De los así llamadas conductas inteligentes, con razonamientos, discursos, comprobaciones, enunciados, saber.

MODOS METALÓGICOS:

En este rubro debiérase incluir fenómenos psíquicos de variado registro intuición, imaginación, fantasía, invención y procesos del inconsciente.

Los que incluiríamos como modos metalógicos, encarnan altos valores metafóricos, a menudo, de difícil calificación.

En esta oportunidad este vasto territorio profuso y a veces difuso, riesgoso para la traducción en términos precisos requiere para su expresión la metáfora, la figura, el tropo, la retórica, la poética o el arte.

Los cuatro momentos

Otro modo de enfocar el grande y conflictivo tema de la inteligencia y quizá más contemporáneo y afín con aproximaciones psicoanalíticas y sociales es arriesgar este diagrama que proponemos.

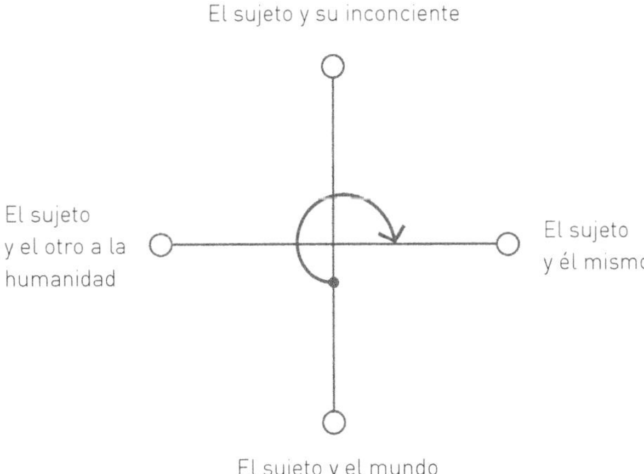

En (1) ubicamos al sujeto enfrentado al complejo —quizá absurdo u obstruso— mundo de la realidad físico-cósmica tal cual se nos da. El hombre se enfrenta con las cosas del mundo natural y con los de su propia cultural cosecha. Quizá dos niveles de empiria y ciencia y otro de metafísica podrían diferenciarse.

Aquí se inserta el fundamental y actual capítulo de la relación hombre-técnica.

En (2) el sujeto se enfrenta con el otro gran complejo —y quizá también absurdo y obstruso— el mundo de los Otros Hombres.

Quizá después de examinar "científicamente" —clínica, fisiológica, psicológica y sociológica o históricamente al Otro— el hombre sujeto recae en una idea soporte, hipótesis, utopía o fantasía de caridad, pasividad, amistad, justicia y competencia que lo acerque a su Otro; lo reconcilie con el Otro y con él mismo y recuerde las palabras de Jesús, de Buda, de Lao Tsé o de algún hombre bueno y piadoso que pueda aun sobrevivir.

En (3) el sujeto —aleccionado por el psicoanálisis— se enfrentará con aquel extraño habitante de su subsuelo, poco a poco el subyacente irá tomando cuerpo dentro del cuerpo del hombre; irá pronunciando su palabra, su mensaje, dirá su verdad por cruda que sea. El inconsciente seguramente, bien cuestionado, será impiadoso con la verdad y el sujeto crecerá y sabrá del misterio oculto en su interior.

En (4) el sujeto —finalmente— deberá —quiera o no quiera— enfrentarse con él mismo y sin más, como totalidad posible. Sólo él comprenderá oportunamente que todo está y comienza y termina ahí, en él mismo.

Quizá entonces tan sólo le queden las palabras de algunos sabios: los Estoicos, Séneca, Epicteto, Marco Aurelio y de los poetas, por cierto.

El hombre accederá —superada la ciencia, la filosofía, las religiones y quizá también las artes— al encuentro consigo mismo, a veces asistido por el poeta. Reconocerá aquello del "sólo sé que no sé nada" y se abocará a pensar bien y sentirse hasta el fondo. Su secreto más profundo, que ya pudo entreverse en la anterior etapa, ahora será enfrentado a su deber ser. Después del saber quien soy debo apuntar a quién debo ser.

No era suficiente saber quien habitaba en mí yo oculto, oscuro, nocturno. Ahora llevado a la ley del sol, retirado de la caverna subterránea, ese resto que soy yo debo asumirlo y redimirlo en una vida correcta como pediría el sabio. El hombre será dueño de sí mismo.

El periplo ha sido cumplido. Era quizá la legítima y única obligación de la inteligencia.

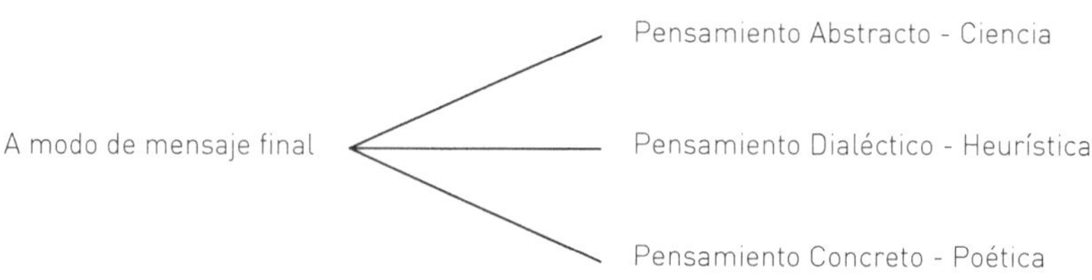

"Es el alma un extraño en la Tierra."
TRAKL

Bibliografía básica

- **Bachelard, Gastón.** *La intuición del instante.* Buenos Aires: Siglo Veinte, 1973.
  — *El agua y los sueños.* México: F.C.E. Breviarios, 1978.

- **Bayley, Alice.** *Del intelecto a la intuición.* Buenos Aires: Kier, 1976.

- **Blanché, Robert.** *Axioamatics.* New York: Dover Public., 1962.

- **Boden, Margaret.** *La mente creativa.* Barcelona: Gedisa, 1994.

- **Boirel, René.** *Théorie generale de l'invention.* París: P.U.F., 1961.

- **Bovio, Giovanni.** *El genio.* Buenos Aires: Americalle, 1943.

- **Briggs, J. y Peat, D.** *Espejo y reflejo.* Barcelona: Gedisa, 1989.

- **Brun, Jean.** *Les conquetes de l'homme.* París: P.U.F., 1961.

- **Buzan, Tony.** *El libro de los mapas mentales.* Barcelona: Urano, 1996.

- **De Bono, Edward.** *Lógica fluida.* Buenos Aires: Paidós, 1996.

- **Dennet, Daniel.** *La conciencia explicada.* Buenos Aires: Paidós, 1995.

- **Gardner, Howard.** *Inteligencias múltiples.* Buenos Aires: Paidós, 1995.

- **Gubern, Roman.** *Del bisonte a la realidad virtual.* Barcelona: Anagrama, 1996.

- **Guénon, René.** *Le regne de la quantité.* París: Gallimard, 1945.

- **Heard, Gerald.** *Dolor, sexo y tiempo.* Buenos Aires: Santiago Rueda, 1945.

- **Heidieck, Francois.** *L'inspiration.* París: P.U.F., 1961.

- **Humphey, Nichols.** *Una historia de la mente.* Barcelona: Gedisa, 1995.

- **Judea, Perl.** *Heuristique.* Toulouse: Editorial Cepadues, 1990.

- **Landau, Erika.** *El vivir creativo.* Barcelona: Herder, 1987.

- **Levecque, Raphael.** *Unité et diversité.* París: P.U.F., 1963.

- **Marcuse, Herbert.** *El hombre unidimensional.* Buenos Aires: Planeta, 1993.

- **Merello, Agustín.** *Prospectiva.* Buenos Aires: Guadalupe, 1973.

- **Monod, Jacques.** *El azar y la necesidad.* Buenos Aires: Planeta, 1993.

- **Otto, Ernst.** *Optimalisches Denken.* Stuttgard: Dva, 1971.

- **Polya, George.** *How to solve it.* New York: Doubleday Anch Book, 1957.

- **Prigogine, Ilya.** *¿Tan solo una ilusión?* Barcelona: Tusquets, 1997.

- **Pushkin, V. N.** *La heurística ciencia del pensamiento creador.* Montevideo: Pueblos Unidos, 1973.

- **Quéau, Philippe.** *Lo virtual.* Buenos Aires: Paidós. 1995.

- **Rabossi, E. (compil.).** *Filosofía de la mente y la ciencia cognitiva.* Buenos Aires: Paidós. 1995.

- **Reinghold, Howard.** *La realidad virtual.* Barcelona: Gedisa, 1991.

- **Romo, Manuela.** *Psicología de la creatividad.* Buenos Aires: Paidós, 1997.

- **Santarcangeli, Paolo.** *El libro de los laberintos.* Madrid: Siruela, 1997.

- **Schachtel, Ernst.** *Metamorfosis.* México: F.C.E., 1962.

- **Springer, S. y Deutsch, G.** *Cerebro izquierdo y cerebro derecho.* Barcelona: Gedisa 1994.

- **Wiener, Norbert.** *Inventar.* Barcelona: Tusquets, 1995.

- **Zunzunegui, Santos.** *Pensar la imagen.* País Vasco: Cátedra, 1995.

Bibliografía ampliada

- **Alexander, Christopher.** *Ensayo sobre la síntesis de la forma.* Buenos Aires: Ediciones Infinito, 1966.
  — *La estructura del medio ambiente.* Barcelona: Tusquets, 1971.
  — *Tres aspectos de la Matemática del Diseño.* Barcelona: Tusquets, 1964.

- **Assoun, Paul L.** *La mirada y la voz.* Buenos Aires: Nueva Visión, 1997.

- **Bachelard, Gastón.** *Poética del espacio.* México: F.C.E., Breviarios, 1997.

- **Barthes, Roland.** *La cámara lúcida.* Buenos Aires: Paidós, 1990.

- **Bayley, Edgard.** *Realidad interna y función de la poesía.* Rosario: Biblioteca Prof. Constancio Vigil, 1966.

- **Blanchot, Maurice.** *La soledad esencial.* París: 1968.

- **Bodei, Remo.** *Hölderlin: la filosofía y lo trágico.* Madrid: Visor, 1990.

- **Brainstorming.** *Congreso Mundial de la Unión Internacional de Arquitectos.* Madrid: 1975.

- **Breyer, Gastón.** *"La Heurística del Diseño, entre el Teorema y el Poema".* Buenos Aires: SUMMA nº 131. XII, 1978.
  — *Propuesta de sígnica del escenario.* Buenos Aires: Celsit, 1999.

- **Broadbent, Geoffrey.** *Metodología del diseño arquitectónico.* Barcelona: G. Gili, 1971.

- **Buxadé, Margarite.** *Introducción a una teoría del conocimiento de la Arquitectura y del Diseño.* Barcelona: Blume, 1969.

- **Castoriadis, Cornelius.** *El avance de la insignificancia.* Buenos Aires: Eudeba, 1997.

- **Christopher, Jones.** *Métodos de diseño.* Barcelona: G. Gili, 1962.

- **Crick, Francis.** *La búsqueda científica del alma.* Madrid: Debate, 1994.

- **Didi-Huberman, Georges.** *Lo que vemos, lo que nos mira.* Buenos Aires: Manantial, 1997.

- **Doberti, Roberto.** *El habitar.* Buenos Aires: FADU-UBA, 1999.

- **Dorfles, Gillo.** *Nuevos ritos, nuevos mitos.* Barcelona: Lumen, 1969.

- **Entel, Alicia y otros.** *Escuela de Frankfurt.* Buenos Aires: Eudeba, 1999.

- **Gardner, Davies.** *Vers une explication rationelle du Coups de Dés.* París. 1953.

• **González Ruiz, G.** *Estudio de diseño.* Buenos Aires: Emecé, 1994.

• **Guiddens, A. y otros.** *Habermas y la modernidad.* Madrid: Cátedra, 1994.

• **Hölderlin, Friederich.** *Hiperión.* Buenos Aires: Emecé.

• **Hoffman, Donald.** *Inteligencia visual.* Buenos Aires: Paidós, 2000.

• **Indart, J. y otros.** *Lógica inconsistente.* Buenos Aires: E.O.L., 1998.

• **Jung, Carl G.** *Realidad del alma.* Buenos Aires: Losada, 1957.
— *El secreto de la flor de oro.* Buenos Aires: Paidós, 1955.

• **Lema, Fernando.** *Pensar la ciencia.* UNESCO, 2000.

• **Lizcano, Emanuel.** *Imaginario colectivo y creación matemática.* Barcelona: Gedisa, 1993.

• **Lóizaga, Patricio.** *Breve diccionario de pensadores contemporáneos.* Buenos Aires: Emecé, 1994.

• **López Gil, Marta.** *Filosofía, modernidad y posmodernidad.* Buenos Aires: Biblos, 1996.

• **López Sosa.** *El conocimiento poético.* Buenos Aires: Emecé.

• **Lyotard, Jean.** *Discurso y Figura.* Barcelona: G. Gili, 1979.

• **Maci, Guillermo.** *La Otra escena de lo real.* Buenos Aires: Nueva Visión, 1980.

• **Mallarmé, Stephane.** *Igitur.* Buenos Aires: Signos.

• **Moles, Abraham.** *Las ciencias de lo impreciso.* México: UNAM, 1995.

• **Nottoli, Hernán.** *Graphos.* Buenos Aires: Edit. de Belgrano, 1977.

• **Osés y Lanceros.** *Diccionario de hermenéutica.* Bilbao: Universidad de Deusta, 1997.

• **Paz, Octavio.** *El arco y la lira.* México: 1956.

• **Pando, Horacio.** *Introducción a la Teoría de la Técnica.* Buenos Aires: FADU-UBA, 1999.

• **Pfeiffer, Johannes.** *La poesía.* México: F.C.E. Breviarios, 1953.

• **Picó, Joseph.** *Modernidad y posmodernidad.* Madrid: Alianza, 1988.

• **Pozo Municio, I. y otros.** *La solución de problemas.* Buenos Aires: Santillana, 1994.

- **Ricoeur, Paul.** *Hermenéutica y estructuralismo.* Buenos Aires: Megalópolis, 1975.
— *Del texto a la acción.* México: F.C.E. Brevarios, 2000.

- **Sarquis, Jorge y otros.** *Creatividad en arquitectura desde el psicoanálisis.* Buenos Aires: Paidós, 1985.
— *Creatividad.* Buenos Aires: FADU-UBA, 1989.

- **Saupard, Anthony.** *La mente del hombre.* Madrid: Alianza, 1990.

- **Sontag, Susan.** *Sobre la fotografía.* Buenos Aires: Sudamericana, 1980.

- **Sternberg, Robert.** *La creatividad en una cultura conformista.* Buenos Aires: Paidós, 1997.

- **Vattimo, Gianni.** *El fin de la modernidad.* Barcelona: Gedisa, 1986.

- **Vattimo, Gianni y Rovatti, P.** *El pensamiento débil.* Madrid: Cátedra, 1990.

- **Wolf, Laurent.** *Ideología y producción.* Diseño Barcelona: Anthopos, 1972.

La Heurística además de las áreas epistemológicas más específicas que proveen su fundamentación teórica (bibliografía básica y bibliografía de extensión) abordaría temarios de filosofía contemporánea y sistemática: Fenomenología, de la Existencia, de Bergson, del Neopositivismo lógico, de Wittgenstein, Hermenéutica, del Modernismo y Postmodernismo, etc.

Y temarios y teorías tales como:

Teoría del Objeto, de la Técnica, de los Sistemas, de la Morfología, del Juego, de la Sintaxis, de la Imagen, del Número, de la Decisiones, Semiótica, teoría de las Clases, capítulos del Álgebra, Metodologías del Diseño, capítulos de la Psicología, de la Conducta, de la Gestalt, del Psicoanálisis (Freud, Lacan, Jung) y la Función de Habitar o Ekística, la vivienda Folk, capítulos de la Antropología, etc.